KB084847

문단열의 중학 영문법
소화제①

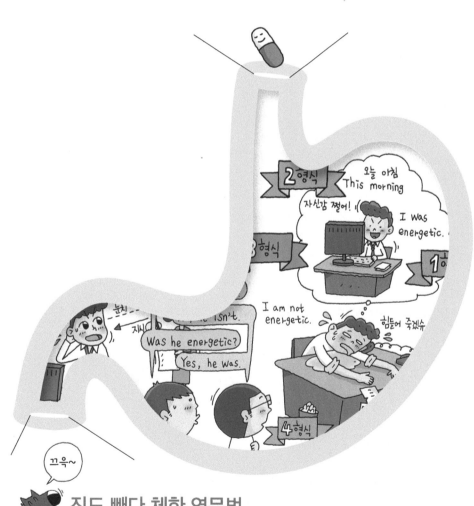

진도 빼다 체한 영문법
사이다처럼 뻥 뚫린다!

이지스에듀

저자 소개

문단열 선생님은 EBS <잉글리시 카페>를 진행하며 우리나라의 국민 영어 강사로 자리매김한 더 이상의 소개가 필요없는 에듀테인먼트의 선구자이다. 2017년 3월부터는 EBS 라디오 <잉글리시 클리닉>을 진행하고 있다. 현재 중등 대표 인터넷 강의 사이트인 엠베스트에서 <문단열의 소화제 영문법>이 9년째 인기리에 서비스되고 있다. 재미와 핵심을 모두 살린 명품 강의로 입소문이 자자한 '소화제 영문법'은 2016년 전체 강의가 더 새롭게 업데이트되었다. 특히, 새로운 인강에 맞춘 이 책에는 인강에 없는 삽화들도 추가로 수록되었다. 이 삽화들은 교육적 효과를 높이기 위해 문단열 선생님이 직접 아이디어 스케치를 그렸고, 여기에 삽화가의 재치가 더해져 더욱 생동감 넘치게 표현됐다. 지금까지 《초등학생 필수 영문법 무작정 따라하기》 등 수많은 베스트셀러를 출간하였다.
(연세대학교 신학과, 연세대학교 대학원 영어영문학과 졸업. 현재 성신여자대학교 교양교육원 교수)

김애리 선생님은 남편인 문단열 선생님과 함께 영문법을 어려워하는 아이들도 쉽게 이해할 수 있는 영문법 책이 되도록 고민하며 이 책을 집필하였다. 특히 이 책의 문제들은 개념을 체화하도록 만들어진 문제들로, 김애리 선생님이 한 문제 한 문제 심혈을 기울여 집필하였다. 김애리 선생님은 노트어학원과 (주)펀글리시의 대표 강사로 영어를 지도하였으며, (주)펀에버 대표를 지낸 바 있다.
공저로는 《문단열의 영어일기+영작》, 저서로는 《TOEIC 123일전》 외 여러 권이 있다.
(연세대학교 영문과 졸업)

'바쁜 중학생을 위한 빠른 학습법' 시리즈

문단열의 중학 영문법 소화제 소화제 1권

초판 1쇄 발행 2017년 4월 13일
초판 5쇄 발행 2024년 2월 15일
지은이 문단열, 김애리
발행인 이지연
펴낸곳 이지스퍼블리싱(주) **출판사 등록번호** 제313-2010-123호
주소 서울시 마포구 잔다리로 109 이지스 빌딩 5층(우편번호 04003)
대표전화 02-325-1722 **팩스** 02-326-1723
이지스퍼블리싱 홈페이지 www.easyspub.com **이지스에듀 카페** www.easysedu.co.kr
바빠 아지트 블로그 blog.naver.com/easyspub **인스타그램** @easys_edu
페이스북 www.facebook.com/easyspub2014 **이메일** service@easyspub.co.kr

본부장 조은미 **기획 및 책임 편집** 정지연, 이지혜, 박지연, 김현주 **교정 교열** 이수정
디자인 (주)GNUMOMENTUM **삽화** 김학수 **이미지 제공** Shutterstock.com **조판** 책돼지
마케팅 박정현, 한송이, 이나리 **영업 및 문의** 이주동, 김요한(support@easyspub.co.kr)
독자 지원 오경신, 박애림 **인쇄** 프린탑

ISBN 979-11-87370-83-3 54740
ISBN 979-11-89370-82-6(세트)
가격 12,000원

- **이지스에듀**는 이지스퍼블리싱(주)의 교육 브랜드입니다.
  (이지스에듀는 학생들을 탈락시키지 않고 모두 목적지까지 데려가는 책을 만듭니다!)

"꽉 막힌 영어가 사이다처럼 뻥 뚫리네요!"

초등, 중학생은 물론, 대학생도 몰래 본다! 수강생부터 유명 강사들까지 적극 추천!

영어는 대충 할 줄 아는데 영문법은 제대로 모르는 분들에게 추천해요! 문단열 쌤이 완전 생기초부터 딱딱하지 않고 재미있게 알려주셔서, 고구마 같던 영어가 사이다처럼 뻥 뚫리네요!
| 수강생 이*제

구멍이 메꿔지는 느낌입니다. 안다고 생각했는데, 여태까지 아는 척하고 있었네요. 이제 영문법이 뭔지 제대로 알겠어요! 영문법은 한글 공부.
| 수강생 강*승

문법의 쓰임과 뜻을 우리말로 하나하나 풀어서 친절하게 설명하고, 유머러스한 예시를 들어 주셔서 영문법을 쉽고 빠르게 이해할 수 있었어요!
| 수강생 최*인

문법은 기피 대상이었는데, 소화제로 공부하니 머릿속에 쏙쏙 남아요. 잘 몰라도 어물쩍 넘어갔던 것들까지 선생님이 세심하게 짚어 주어서 기초부터 탄탄해지는 느낌입니다.
| 수강생 박*현

약은 약사에게, 치료는 의사에게, 영문법은 문단열 쌤께! 영문법 때문에 소화불량이라면 문단열 쌤께 고고씽!
| 수강생 길*민

이 책을 제가 '중학교때 봤더라면 참 좋았을 텐데….' 라는 생각이 들었어요. 이제 토익 문법 문제도 쉽게 느껴져요.
| 이 책의 문제풀이 아르바이트 대학생 이지우

문법이 약한 중학 친구들에게 문단열 선생님의 참신하고 재밌는 예시를 사용했더니, 눈이 초롱초롱해지네요. 저희 공부방의 완소 책입니다.
| 은쌤 영어 과외방 곽은주 선생님

아이들이 영문법을 어려워하는 이유는 딱딱한 문법 용어 때문이지요. 이 책은 어미 새가 새끼에게 먹이를 씹어 먹여 주듯, 영문법 용어를 아이들이 소화하기 쉽게 설명합니다.
| GGE어학원 김진희 원장님

이 책을 본 후 영문법은 3배쯤 쉬워집니다. 문법 용어가 해결되니, 개념과 문제풀이가 한꺼번에 뻥 뚫립니다.
| 허성원 어학원 허성원 원장님

중학교 기초 영문법뿐 아니라 정말 살아 있는 영어 회화를 하는 데에도 도움이 되는 문법 강좌입니다.
| 윤선생 영어숲 주엽센터 유영록 원장님

영문법 소화불량에 걸린 친구를 위한 특효 소화제!

영문법 공부인데 국어가 문제라니!

미국에서 살다 온 친구인데도 영문법 시간에 쩔쩔매는 것을 우리는 흔히 보지요. 영문법 공부는 '영어 공부'이기도 하지만 '영어에 대하여 한국어로 논하는 것'이기도 해서 그렇습니다. 용어만 봐도 그래요. 그냥 듣고 보고 느끼는 hear, see, feel 같은 단어는 쉽게 느껴지지만, 이들의 공통점을 묶어 '지각동사'라고 설명하면 어렵게 느껴지지요. 그런데 중학교 영문법으로 넘어가는 순간, 대다수의 선생님은 이 어려운 영문법 용어들로 영어를 가르치기 시작합니다.

영문법, 영어를 못해서 어려운 게 아닙니다. '국어'가 문제입니다. 영문법 용어를 모르면 열심히 들어도 설명이 들리지 않고, 열심히 외워도 잘 외워지지 않습니다. 외계어 같은 '영문법 용어'를 이해하는 것부터 시작해야 중학 영문법은 소화됩니다.

외계어가 아니라 쉬운 우리말 비유로 기초 영문법 완성!

용어를 알면 영문법은 거의 정복되는 것! 그 지점을 '영문법 소화제'는 정확히 해결합니다. 이 책을 마치고 나면, 정확한 문법 용어의 이해와 더불어 영문법의 기초가 끝납니다! 영문법이라는 커다란 집의 벽돌인 '8품사와 문장 구성요소', 그리고 '구와 절' 같은 '한국어의 추상적 단어'를 적절하고 재미있는 비유를 들어가며 하나하나 잘게 부수어 이해하게 해 주니까요.

영어 나라의 8품사(명동형부 감전대접)가 자라서
문장 회사(주목 보수술)에 취직하는 스토리~
선생님만의 특별한 비유로 영문법의 기초 용어들이
내 것으로 소화됩니다!

개념도 소화가 안 되는데 꾸역꾸역 문제만 떠먹는 건 아닌가요?

공부하는 학생의 소화력을 무시한 채 공부하는 것은, 아기가 모유와 이유식을 생략하고 바로 어른의 음식을 먹는 것과 같습니다. 아이들이 딱딱한 음식을 갑자기 삼키기 힘든 것처럼, 영어를 공부하는 학생들도 '목적 보어, 원형 부정사' 같은 딱딱한 국어로 되어 있는 문법 개념들을 몹시 어려워합니다. 그런데 많은 학생이 정확한 개념도 모른 채 강의를 듣고, 아주 많은 양의 문제를 풀다 보면 '영문법이 해결되겠지'라고 생각합니다.

문법 용어를 알고 나면 영어 공부 speed up!

대충 알고 그저 '열심히'만 하는 건 장시간의 공부 노동이 될 뿐입니다. 이제 공부 방법을 바꿔 보세요! 먼저 문법을 정확히 이해할 수 있는 영문법 소화제를 투입하는 겁니다. 사실 대학생들도 이 책에 나오는 문법 용어를 제대로 익히지 못해 평생 비효율적인 수험 공부를 하는 경우가 많답니다. 하지만 여러분은 행운아입니다. 이 책을 끝까지 공부하고 나면 문법 용어를 자유자재로 말하게 될 테니까요. 그리고 어떤 영어 교재의 해설을 봐도 쉽게 느껴질 거예요.

무책임한 책이 아닙니다. '평생 기억하기' 꿀팁까지 총동원!

이 책은 독자가 이해하든 말든 저자 혼자 떠들고 끝나는 책이 아닙니다. 외우기 힘들 것 같으면 문단열 선생님이 '평생 기억하기' 꿀팁으로 외우고 넘어가도록 도와줍니다.
또, 이 책의 예문들은 어려운 단어와 숨넘어갈 정도로 긴 문장으로 배탈이 나지 않도록 가볍고, 그 내용도 재미있게 제시됩니다. 그러니까 학생이 '문법'과 '영어 내용'이라는 두 가지 전쟁을 동시에 수행하는 고통을 벗어나, '문법' 한 가지 전투에만 전념할 수 있게 도와준다는 것이지요.

문법이 한눈에 보이는 삽화로 감 잡고~ 오래 기억하게 됩니다!

영문법 소화제의 삽화는 그냥 예쁘기만 한 장식적 존재가 아닙니다. 한 번 보면 그 과의 핵심 문법을 알 수 있고, 삽화를 기억하면 책의 내용을 다시 떠올릴 수 있도록, 문단열 선생님이 강의 주제마다 아이디어 스케치를 직접 그려 주었습니다. 나중에라도 문법 내용을 기억해야 할 때 이 그림을 떠올리면, 무엇을 배웠는지 기억해 낼 수 있을 것입니다!

이제 영문법 소화제로 이유식하고, 더 건강한 영어 식단의 세계로 나가시기 바랍니다.

유머, 이미지, 스토리로 학습 효과를 높이는 영문법 소화제

❶ 사진을 찍듯, 이 그림을 기억하자! — 대표 삽화

예쁘기만 한 그림이 아닙니다. 이 과의 주제를 알 수 있고,
그림을 기억하면 이 과의 문법을 다시 떠올릴 수 있습니다.

❸ 꿀팁 대방출! — 평생 기억하기

영문법 용어를 우리말 설명과 재치 있는 예시로 접근, 한 번
배운 내용을 잊지 않고 평생 기억하게 도와줍니다.

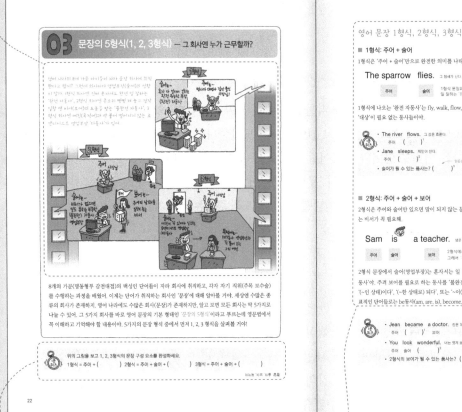

❷ 문법, 쓰면서 바로바로 확인! — 1분 퀴즈

앞에서 배운 영문법의 필수 개념을 능동적으로 학습하며
바로바로 확인해 봅니다!

❹ 혼자 봐도 이해된다! — 친절한 개념 설명

'너희가 한 번 이해해 보든가' 식의 무책임한 설명은 없습니다!
영문법의 쓰임과 뜻을 우리말과 유머러스한 예시로 설명해 줍니다.

＊이 책의 삽화는 문단열 선생님이 직접 스케치와 콘티를 제공하여, 김학수 작가가 그렸습니다.

⑤ 손쉽게 개념 확인! — 우리말로 시작하기

우리말로 먼저 문제에 접근해서 영문법에 대한 이해를
높입니다.

⑦ 영문법 실력을 쌓자! — 영어로 해보기

개념 확인 문제로, 여러분을 떨어뜨리기 위한 문제가 아닙니다.
빈칸을 채우다 보면, 영문법 실력이 차곡차곡 쌓이는 문제입니다.

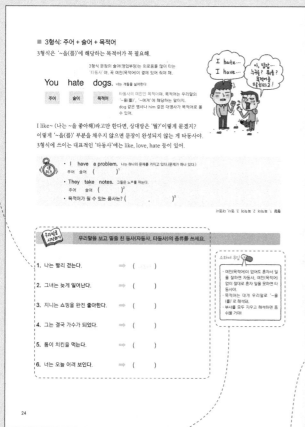

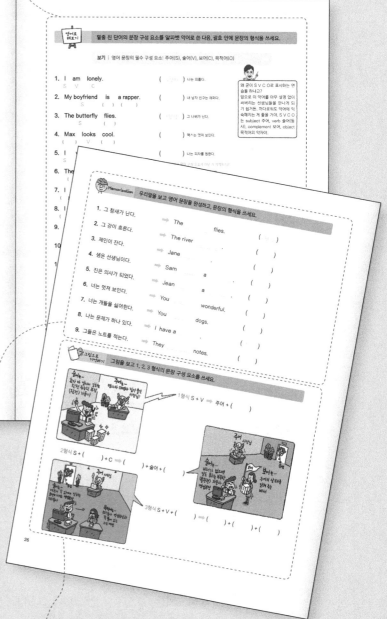

⑥ 문제풀이 핵심 팁! — 소화제 투입

필수 단어, 중요 문법 등 문제를 내 것으로 소화하도록 돕는
문제풀이 핵심 팁입니다.

⑧ 이 문장은 외우자! — Memorization

이번 과에서 꼭 외워야 할 필수 문장입니다. 직접 영어 문장을
완성한 다음, 이 문장들은 꼭 소리 내어 외우고 넘어가세요!
스피킹 능력까지 키울 수 있습니다.

⑨ 이미지로 남기자! — 그림으로 기억하기

이번 과의 핵심 문법을 그림과 결합하여 효과적으로
기억할 수 있게 도와줍니다.

문단열의 중학 영문법 소화제 ❶

01 **8품사** — 영어 나라의 8개 가문   12

02 **문장 구성 5요소** — 주목 보수술   17

03 **문장의 5형식**(1, 2, 3형식) — 그 회사엔 누가 근무할까?   22

04 **문장의 5형식**(4, 5형식) — 그 회사엔 누가 근무할까?   27

05 **구와 절 1** — 혼자 놀기, 몰려 다니기, 그리고 회사 만들기   32

06 **구와 절 2** — 구에도 단어처럼 가문과 직책이 있다!   37

복습 01~06과 — 8품사와 문장의 5형식 총정리   42

07 **긍정·부정·긍정 의문·부정 의문** — "기다, 아니다, 기냐?, 아니냐?"   46

08 **완전 자동사** — 혼자서도 일 잘하는 1형식 회사의 능력자 영업부장   51

09 **불완전 자동사** — 말로만 능력자인 영업부장의 세 가지 보고 내용   56

10 **타동사** — 어딜 가나 여친과 함께하는 '완전한 로맨티시스트'   61

11 **수여동사 1** — 목적어(여친)가 둘이나 있는 바람둥이   66

12 **수여동사 2** — 간접 목적어와 직접 목적어 중 강조하는 것을 앞으로!   71

13 **불완전 타동사** — 여친과 비서가 없으면 불안한 부장님!   76

14 **5형식 기타 동사**(심화) — 미워도 다시 한 번! 불완전 타동사!   81

복습 07~14과 — 문장의 종류와 동사의 종류 총정리   86

15 **be동사의 현재와 과거** — 주어와 단짝으로 붙어 다니는 동사   90

16 **be동사의 긍정·부정·의문** — "그랬다, 안 그랬다, 그랬냐?"   95

17 **일반동사의 과거 규칙 동사** — 지나간 일들을 말할 수 있다!   100

18 불규칙 동사 — 자주 쓰는 쉬운 말은 모두 불규칙이라는 놀라운 사실!   105

19 일반동사의 현재와 의문문 — 동사 뒤에 s가 붙느냐? 안 붙느냐?   110

복습 **15~19과** — be동사와 일반동사 총정리   115

20 일반동사의 부정과 부정 의문 — "한다, 하냐?, 안 한다, 안 하냐?"   119

21 일반동사 과거의 부정과 부정 의문 — "했다, 했냐?, 안 했다, 안 했냐?"   124

22 be동사의 현재와 과거 — "그랬다, 그랬냐?, 안 그랬다, 안 그랬냐?"   129

복습 **20~22과** — 일반동사와 be동사 문장 전환 총정리   134

부록 **표로 정리하는 문장의 5형식과 동사의 종류**   138

정답   139

문단열의 중학 영문법 소화제 ❷ 구성

01 조동사 1 — 조동사는 동사를 도와주는 주방 보조!

02 조동사 2 — 대표적인 조동사 맛보기

03 조동사 3 — 미래를 표현하는 조동사 will

04 조동사 4 — 조동사계의 황태자, 매너남 would

05 조동사 5 — 의무를 나타내는 조동사 should, must

06 조동사 6 — 의무, 허가, 습관을 나타내는 조동사

07 조동사 7 — 잘 생겨서 여기저기 불려 다니는 조동사 do, had better

복습 **01~07과** — 조동사 총정리

08 현재완료 1 — 현재완료의 형식과 의미

09 현재완료 2 — 현재완료 '계속(쭉)'의 절친 전치사들 for, since

10 현재완료를 못 쓰는 경우 — 과거 부사와는 만날 수 없어!

11 현재완료진행 1 — '쭉'이 말하는 지금 이 순간에도 계속되는 것!

12 현재완료진행 2 — 진행 시제를 못 쓰는 동사

13 과거완료의 형식과 의미 — '막, 쭉, 적, 응?'의 과거 버전

14 과거완료진행 — 과거 어느 때까지 동작이 계속(쭉) 진행되고 있는 것!

복습 **08~14과** — 완료 시제 총정리

15 to부정사의 명사적 용법 — 주어, 목적어, 보어 역할을 하는 명사 따라쟁이

16 to부정사의 형용사적 용법 1 — 형용사는 일편단심 명사바라기

17 to부정사의 형용사적 용법 2 — be to 용법, 그것이 알고 싶다!

18 to부정사의 부사적 용법 1 — 수식을 위한, 수식에 의한, 수식의 부사!

19 to부정사의 부사적 용법 2 — 동사와 형용사에 충성!

20 to부정사의 부사적 용법 3 — 시험과 독해에 꼭 필요한 것들

복습 **15~20과** — to부정사 총정리

21 동명사의 형식과 의미 — 동사에서 시작해서 명사로 변하는 카멜레온!

22 동명사의 활용 — 명사가 하는 건 다 하는, 명사의 대타!

복습 **21~22과** — 동명사 총정리

부록 **표로 정리하는 동사의 활용**

영문법 소화불량 스스로 진단하기

나는 영문법 소화제가 필요할까요? 다음 문제를 풀어 보세요.

1. 다음 문장에서 fast의 품사는 무엇인가요?

I run fast in the park.   (   )

2. '주목 보수술'에서 힌트를 얻어, 영어 문장의 구성 요소를 3개 이상 쓰세요.

(   )

3. They are singers.에서 singers의 구성 성분은 (동사, 보어, 목적어)입니다.

4. The butterfly flies.는 (1형식, 2형식, 3형식) 문장입니다.

5. 3형식 문장의 구조를 쓰세요.   주어 + 술어 + (   )

6. He became a teacher.에서 became은 무슨 동사일까요?

a) 완전 자동사   b) 불완전 자동사   c) 타동사   d) 수여동사

7. 낱말만 달랑 혼자 놀고 있으면 단어! 두 개 이상의 낱말들이 함께 몰려다니면 (구, 절)

'주어+술어(동사)'의 문장 구성 형식을 갖추면 문장 또는 (구, 절)이라고 합니다.

8. 다음 중 성격이 다른 하나는 무엇인가요?

a) in the park   b) very fast   c) I love him.

9. 다음 문장에서 수식어구를 찾아보세요.

Mom and dad are very tired right now.

10. 간접 목적어와 직접 목적어가 쓰이는 문장은 몇 형식 문장인가요?   (   )

11. I see him jump.를 해석하세요.

(   )

12. You send them letters.를 해석하세요.

(   )

 맞힌 개수: 4개 이하 → 소화제 긴급 처방,   5~10개 → 소화 불량,   11개 이상 → 소화 양호

맞힌 개수가 10개 이하라면, 영문법 소화제가 꼭 필요합니다! 이 책으로 확실히 정리하고 넘어가세요!

 1. 부사 **2.** 주어, 술어, 목적어, 보어, 수식어 중 3개 이상 **3.** 보어 **4.** 1형식 **5.** 목적어 **6.** b **7.** 구, 절 **8.** c **9.** right now **10.** 4형식

11. 나는 그가 점프하는 것을 본다. **12.** 너는 그들에게 편지를 보낸다.

문단열의 중학 영문법 소화제①

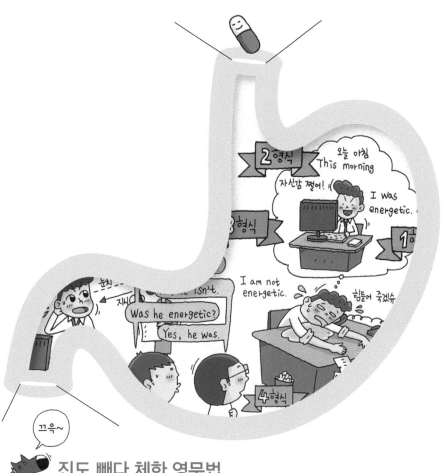

진도 빼다 체한 영문법
사이다처럼 뻥 뚫린다!

영어 나라에
단어는 많아도 가문은 딱 8개!
'명동형부 감전대접'을 외우자~
'명동'에서 '형부'가 오면
'감자전'을 대접한다고?

영어 나라의 백성(단어)은 자그마치 30만 명이나 돼. 그런데 아무리 영어 단어가 많아도, 이 단어들은 딱 8개 집안 출신이야. 이름을 잘 짓는 작명가 집안인 명사네부터 접착제 같은 접속사 집안까지! 영어 나라의 8개 집안을 우리는 8품사라고 불러.

영어 나라의 8개 집안의 이름, 8품사를 쓰세요.
(명) (동) (형) (부) (감) (전) (대) (접)

정답 명사, 동사, 형용사, 부사, 감탄사, 전치사, 대명사, 접속사

8품사, 여덟 가문의 특징

영어 문장 안에서 각 단어가 어느 집안 출신인지 알아보자.

I   run   fast   in   the park.
나는 공원에서 빨리 달린다.

| 귀차니스트
대명사 | 행동가
동사 | 신하
부사 | 액세서리
전치사 | 작명가
명사 |

a와 the는 '관사'라고 부르는데,
명사를 꾸며 주는 '형용사'의 일종이야.

명사 (John)

작명가 집안 → 사람과 물건의 이름을 나타내는 말
John(존), park(공원), water(물), family(가족), love(사랑) 등 이름 붙이는 데 고수인 집안이야.
사람, 사물, 물질, 추상적인 것을 가리지 않고 이름을 붙여.

동사 (run)

행동가 집안 → 몸이든 마음이든 움직임을 나타내는 말
run(달리다), become(되다), hate(싫어하다), give(주다), hear(듣다) 등
run처럼 몸의 움직임뿐만 아니라 hate처럼 마음의 움직임도 표현해.

형용사 (big)

예술가 집안 → 양태(모양이나 상태)를 나타내고 명사를 꾸며 주는 말
big(큰), beautiful(아름다운), tired(피곤한), tough(강한), soft(부드러운) 등
"Beautiful Jane is tired.(아름다운 제인이 피곤해.)"라는 문장에서 제인의 모습과 상태를 나타내는
'beautiful'과 'tired'는 둘 다 형용사야.

부사 (very)

신하 집안 → 동사(움직임)나 형용사(모양과 상태)의 정도를 나타내는 말
very(매우), much(많이), really(정말로), clearly(깨끗하게), slowly(천천히) 등
'매우 예쁜', '천천히 걷는다', '아주 많이'처럼 형용사, 동사, 부사 옆에서 신하처럼 거들어 주는 역할을 해.

감탄사 (oh)

오바맨 집안 → 아! 오! 이런! 등의 느낌을 표현하는 말
ah(아), oh(오), oops(헉, 이런) 등
기쁨, 슬픔, 화남, 놀람 등을 표현한 단어들을 '감탄사'라고 해.

전치사 (out)

액세서리 집안 → 문장에 명사를 액세서리처럼 붙일 때 사용하는 말
in(~안에), out(~밖에), on(~위에), off(~에서 멀리로), up(위로), down(아래로), under(~아래에),
at(~에) 등 "I run in the park.(나는 공원에서 달린다.)"의 in처럼 시간이나 장소 앞에 붙고 '~에(서)' 등
으로 해석되는 말이 전치사야.

대명사 (I)

귀차니스트 집안 → 명사를 대신해서 쓰는 말
I(나), you(너), he(그), she(그녀), it(그것), they(그들), we(우리) 등
"문단열이 말씀 드릴게요. 문단열은 이렇게 생각해요."라고 일일이 명사를 반복하기 귀찮을 때, 문단열 대
신 '저는'이라고 간단하게 쓰는 말이 대명사야.

접속사 (and)

접착제 집안 → 말과 말을 연결해 주는 말
and(그리고), but(그러나), or(혹는), therefore(그러므로) 등 '나와 너',
'덥다 하지만 건조하다'에서 '와'나 '하지만'처럼 말과 말 사이를
연결해 주는 말이야. 단어와 단어, 구와 구, 문장과 문장을 연결해 주지.

8품사 평생 기억하기
'명·동·형·부·감·전·대·접'
명동에서 형부가 오면 감자전을
대접한다.

■ 단어의 집안 이름과 품사 정리하기

8품사 외우기 : 명동형부 감전대접

1. John, park, water, family, love
사람과 물건의 이름을 나타내는 말(이름 붙이는 데 고수)
작명가 집안 - (명사)

5. ah, oh, oops
아! 오! 아이쿠! 등의 느낌을 표현하는 말
오바맨 집안 - (　　　)

2. run, become, hate, give
몸이든 마음이든 움직임을 표현하는 말
행동가 집안 - (　　　)

6. in, out, on, off, up, down, under, at
문장에 명사를 액세서리처럼 붙일 때 사용하는 말
액세서리 집안 - (　　　)

3. big, beautiful, tired, tough, soft
양태(모양이나 상태)를 나타내고 명사를 꾸며 주는 말
예술가 집안 - (　　　)

7. I, you, he, she, it, they, we
명사를 대신해서 쓰는 말
귀차니스트 집안 - (　　　)

4. very, much, really, clearly, slowly
형용사, 동사, 부사 옆에서 신하처럼 거들어 주는 말
신하 집안 - (　　　)

8. and, but, or, therefore
말과 말을 연결해 주는 말
접착제 집안 - (　　　)

정답 1. 명사 2. 동사 3. 형용사 4. 부사 5. 감탄사 6. 전치사 7. 대명사 8. 접속사

 영어의 8품사에 해당하는 말을 괄호 안에 쓰세요.

1. 그는　　존을　　　싫어한다.
　　대명사　(명사)　　동사

2. 헉!　　　그녀는　　초음파를　　듣는다.
(　　)　　대명사　　　명사　　　동사

3. 큰　　　남자가　　빨리　　　달린다.
(　　)　　명사　　(　　)　　동사

4. 그녀는　　아주　　아름다운　　　여자가　　되었다.
(　　)　　부사　　(　　)　　　명사　　동사

5. 그는　　송편　　과　　　우유를　　먹는다.
　대명사　　명사　(　　)　　명사　　(　　)

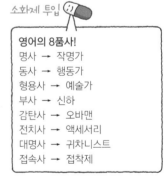

소화제 투입

영어의 8품사!
명사 → 작명가
동사 → 행동가
형용사 → 예술가
부사 → 신하
감탄사 → 오바맨
전치사 → 액세서리
대명사 → 귀차니스트
접속사 → 접착제

1. park 공원　　(명사)　**10.** eat 먹다　　　(　)　**19.** and 그리고　　(　)

2. go 가다　　(　)　**11.** very 매우　　　(　)　**20.** fast 빨리　　　(　)

3. water 물　　(　)　**12.** tough 강한　　(　)　**21.** fast 빠른　　　(　)

4. run 달리다　　(　)　**13.** really 정말　　(　)　**22.** but 그러나　　(　)

5. become 되다　　(　)　**14.** on ~위에　　(　)　**23.** he 그　　　(　)

6. in ~안에　　(　)　**15.** I 나　　　(　)　**24.** hear 듣다　　(　)

7. hate 싫다　　(　)　**16.** oh 오　　　(　)　**25.** or 혹은　　　(　)

8. big 큰　　(　)　**17.** you 너　　　(　)　**26.** president 회장, 대통령 (　)

9. beautiful 아름다운　(　)　**18.** it 그것　　(　)　**27.** oops 헉, 이런 (　)

소화제 투입 💊

20, 21 fast는 뜻에 따라 품사가 달라지나요?
fast는 두 집안을 왔다 갔다 하는 경우야. '빠른'일 때는 형용사, '빨리'일 때는 부사. late도 '늦은'일 때는 형용사, '늦게'일 때는 부사.

1. I　　run　　fast　　in　　the　park.　　나는 공원에서 빨리 달린다.
　대명사 (　)　부사　(　)　　　명사

become의 과거형으로 '되었다'라고 해석하면 돼.

2. Jane　became　president.　　제인은 회장이 되었다.
　(　)　　동사　　(　)

모든 단어들은 어떤 품사가 된다는 거 알지?

3. They　　hate　　kimchi.　　그들은 김치를 싫어한다.
　(　)　(　)　　명사

4. We　　give　　them　　flowers.　　우리는 그들에게 꽃들을 준다.
　대명사 (　)　대명사　(　)

5. You　　hear　　John　　sing.　　당신은 존이 노래하는 것을 듣는다.
　(　)　동사　(　)　동사

 **Memorization** 우리말을 보고 영어 문장을 완성하세요.

1. 나는 공원에서 빨리 달린다. ➡ I ＿＿＿＿＿ ＿＿＿＿＿ ＿＿＿＿＿ the park.
    　　　　　　　　　　　　　　　　동사　　　　부사　　　　전치사

2. 제인은 회장이 되었다. ➡ Jane ＿＿＿＿＿ ＿＿＿＿＿ .
    　　　　　　　　　　　　　　　동사　　　　명사

> 메모리제이션 문제는 이번 과의 가장 기본이 되는 예문들이야. 이 문장들은 꼭 외우고 넘어가자! 빈칸을 채운 후 답을 보지 말고 직접 말로 해보면서 익혀 봐. 바로바로 나와야 진짜 암기거든!

3. 그들은 김치를 싫어한다. ➡ ＿＿＿＿＿ ＿＿＿＿＿ kimchi.
    　　　　　　　　　　　　　　대명사　　　　동사

4. 우리는 그들에게 꽃들을 준다. ➡ We ＿＿＿＿＿ them ＿＿＿＿＿ .
    　　　　　　　　　　　　　　　　동사　　　　　　　명사

5. 당신은 존이 노래하는 것을 듣는다. ➡ You ＿＿＿＿＿ ＿＿＿＿＿ sing.
    　　　　　　　　　　　　　　　　　　동사　　　　명사

 그림으로 기억하기　다음 보기의 영어 단어를 품사별로 분류하여 정리하세요.

보기 | park, she, family, run, very, tough, soft, much, water, really, on, become, up, oh, it, we, and, tired, but, therefore, oops

명사네
작명가 집안
park,

형용사네
예술가 집안

감탄사네
오바맨 집안

대명사네
귀차니스트 집안

동사네
행동가 집안

부사네
신하 집안

전치사네
액세서리 집안

접속사네
접착제 집안

 소화제 투입

> **헷갈릴 때 써먹는 형용사와 동사 구분 방법:** '아름답다, 바쁘다, 부드럽다' 이 단어들은 동사일까? 형용사일까?
> 헷갈릴 때 써먹으면 대충 맞는 신기한 방법이 있어. '~ㄴ다(한다)'를 한번 붙여 봐. 동사 달리다(run)에 '~ㄴ다'를 붙이면 '달린다'가 되지?
> 이렇게 단어에 '~ㄴ다(한다)'를 붙여 말이 되면 동사, 말이 안 되면 형용사일 때가 많아.
> 예) beautiful 아름답는다(×) → 말이 안 되네? 그러니까 형용사! / hate 미워한다(○)) → 말이 되네? 그러니까 동사!
> 주의) 단, 'late'의 경우는 '늦는다'라고 말이 되지만 형용사야. 영어에서는 모든 형용사에 적용되는 원칙은 아니니까 급할 때만 쓰도록! 처음부터 안 헷갈리는 확실한 방법은 단어를 외울 때 품사도 꼭 같이 암기하는 것!

02 문장 구성 5요소 — 주목 보수술

영어 나라의 8개 가문의 자식들,
8품사는 자라나 문장이라는 회사에
취직을 하게 돼. 그 회사의 5가지 직위가
바로 '문장 구성 5요소'야.
뭐? '주먹(목)'을 '보수'하는
'기술'이라고?

동사 가문의 아이
"나는 자라서
영업부장이 될 거야~"

문장이라는 회사 사장이 '주어', 중요한 일꾼인 영업부장이 '술어', 회사에 놀러 온 영업부장의 여친이 '목적어', 사장의 비서가 '보어', 마지막으로 없다고 회사가 망하지는 않지만 일이 잘 되게 돕는 알바생이 '수식어'야. 기억하자! 8품사(명동형부 감전대접)는 단어의 '출신 가문(집안)'이고, 문장 구성 5요소(주목 보수술)는 문장 안에서 그 단어의 '직위'야. 철이 아빠는 박씨 집안 자손이면서, 회사에서는 영업부장이기도 하잖아. 바로 그것과 같은 거야.

영어 문장 회사의 5가지 직위, 문장 구성의 다섯 가지 요소를 쓰세요.

(주어) (   ) (   ) (   ) (   )

정답 주어, 목적어, 보어, 수식어, 술어

문장을 구성하는 5가지 요소

문장이 회사라면 구성 요소는 바로 직위야. 문장 구성 5요소를 하나씩 살펴보자.

They see Julie dance well. 그들은 줄리가 춤을 잘 추는 것을 본다.

| 주어 | 술어 | 목적어 | 보어 | 수식어 |

주어
사장님

회사로 치면 사장님이야. 사장 없는 회사가 없듯, 주어가 없는 문장은 없어.

주어는 문장의 주인이 되는 말이야.

John walks. 존은 걷는다.

You walk. 너는 걷는다.

They walk. 그들은 걷는다.

주어는 **명사**나 **대명사** 가문 출신만 될 수 있어.
'존은', '나는', '단열이가'처럼 '~은, ~는, ~이, ~가'가 붙는 말이 주어야.

술어
영업부장

술어는 회사를 돌아가게 만드는 영업부장과도 같지.

술어는 '말하다, 노래하다'처럼 주어의 동작이나 상태를 나타내는 행동파야.

People talk. 사람들이 말한다.
└ 동작을 나타내.

People sing. 사람들이 노래한다.
└ 상태를 나타내.

People are happy. 사람들이 행복하다.

술어는 **동사** 가문 출신만 될 수 있어.

목적어
여친

어떤 영업부장(술어)은 혼자 일을 못해서 여친이 꼭 회사에 와서 도와줘야 돼.

목적어는 동사가 나타내는 동작을 받는 대상으로 '악어를, 너를, 쿠키를'처럼 '~을(를)'에 해당하는 말이야.

I love crocs. 나는 악어를 정말 좋아한다.

I love you. 나는 너를 사랑한다.

I love cookies. 나는 쿠키를 정말 좋아한다.
└ love, hate 같은 동사들은 목적어인 여친과 꼭 붙어 다녀야 문장이 돼.

예를 들어 "나는 악어를 정말 좋아한다."라고 할 때 목적어 '악어를'이 없다고 생각해 봐. I love~하고 끝내면 love가 뻘쭘하겠지? (목적어가 '~에게'로 해석될 때도 있는데 그건 4과에서 배울 거야.)

보어
비서

어떤 사장님(주어)은 일을 도와주는 비서가 꼭 필요해. 또 어떤 여친(목적어)은 회사에 비서까지 데리고 온다는 충격적인 사실!

보어는 비서처럼 보충해 주는 말이야. 보어는 '~이다'에서 '~'에, 또는 '~하는 것을 ~하다'에서 '~하는 것'에 해당하는 말이야.

They are singers. 그들은 가수들이다.
└ 주어를 보충해 주니 주격 보어야. 사장의 비서!

They became tired. 그들은 피곤해졌다.

They see Julie dance. 그들은 줄리가 춤추는 것을 본다.
└ 목적어를 보충하니 목적 보어야. 여친의 비서!

'그들은 줄리가 춤추는 것을 본다'라고 할 때 '춤추는 것'이 보어야. 줄리라는 목적어를 보충해 주니까 목적 보어인 거야.

수식어
알바생

수식어는 회사에서 존재감이 없는 '알바생'이야. 수식어는 문장에 없어도 말이 되거든.

수식어는 문장 구성 요소를 꾸며 주는 말이야.

She gave me a present. 그녀는 나에게 선물을 (하나) 줬다.

She gave me a big present. 그녀는 나에게 큰 선물을 줬다.

She gave me a very big present. 그녀는 나에게 아주 큰 선물을 줬다.

수식어는 '하나의, 큰, 아주 큰'처럼 '선물'을 더 자세한 내용으로 만들어 주는 역할을 하는데, '~한, ~하게'에 해당하는 말이야.

 '관사'인 a와 the는 주어나 목적어를 꾸며 주는 수식어 역할을 해.

■ 문장 구성 5요소와 5요소에 쓰이는 8품사 정리하기

문장을 하나하나 뜯어서 분석하는건 뒤에서 나오니까 먼저 이름과 출신 가문을 잘 익혀 두자!

직위 / 문장의 5요소 - 주목 보수술	가문 / 8품사 - 명동형부 감전대접
1. (주어) 사장 문장의 주인이 되는 말(~은, ~는, ~이, ~가)	**주어 역할을 할 수 있는 가문** 명사(John, people, tree…) 대명사(they, you, she…)
2. ( ) 영업부장 주어의 동작, 상태를 나타내는 말(~하다, ~이다)	**술어 역할을 할 수 있는 가문** 동사(walk, love, be, become…)
3. ( ) 영업부장의 여친 동사가 나타내는 동작을 받는 대상(~을(를), ~에게)	**목적어 역할을 할 수 있는 가문** 명사(croc, cookie, present…) 대명사(you, them, him…)
4. ( ) 비서 보충해 주는 말('~이다'에서 '~'에, 또는 '~하는 것을 ~하다'에서 '~하는 것'에 해당하는 말)	**보어 역할을 할 수 있는 가문** 형용사(big, beautiful, tired…), 명사(singer, president…) 동사(sing, dance, talk…)
5. ( ) 알바생 문장 구성 요소를 꾸며 주는 말(~한, ~하게)	**수식어 역할을 할 수 있는 가문** 형용사(tall, long, good…) 부사(very, much, really…)

정답 1. 주어 2. 술어 3. 목적어 4. 보어 5. 수식어

 밑줄 친 단어의 문장 구성 요소(직위)와 품사(가문)를 쓰세요.

	문장구성 요소	품사
1. 나는 공원에서 **빨리** 달린다. ⇒	(수식어)	(부사)
2. 제인은 **회장**이다. ⇒	( )	( )
3. 그들은 **김치**를 싫어한다. ⇒	( )	( )
4. 우리는 그들에게 꽃을 **준다**. ⇒	( )	( )
5. 당신은 존이 노래하는 것을 듣는다. ⇒	( )	( )
6. 나는 장미를 **많이** 좋아한다. ⇒	( )	( )

소화제 투입

> **문장 구성 5요소**
> 주어, 목적어, 보어, 수식어, 술어
> **8품사**
> 명사, 동사, 형용사, 부사, 감탄사,
> 전치사, 대명사, 접속사

19

밑줄 친 단어의 문장 구성 요소(직위)와 품사(가문)를 괄호 안에 쓰세요.

문장구성요소   품사

1. People **walk**. ➡ (술어) (동사) 사람들이 걷는다.

2. **They** swim. ➡ ( ) ( ) 그들은 수영한다.

3. I love **kangaroos**. ➡ ( ) ( ) 나는 캥거루를 정말 좋아한다.

4. We are **dancers**. ➡ ( ) ( ) 우리는 춤꾼들이다.

> 뒤에서 더 자세히 배우니 여기서는 '주목 보수술'과 '명동형부 감전대접' 용어만 확실히 외우면 돼.

5. I became **tired**. ➡ ( ) ( ) 나는 피곤해졌다.

6. It is a **tall** tree. ➡ ( ) ( ) 그것은 큰 나무다.

7. Tom swims **every day**. ➡ ( ) ( ) 톰은 매일 수영한다.
every day는 '매일', everyday는 '매일의'

8. **Dorothy** has a boyfriend. ➡ ( ) ( ) 도로시는 남자 친구가 있다.

9. Mom **always** cooks. ➡ ( ) ( ) 엄마는 언제나 요리한다.

10. Dad **drinks** coffee. ➡ ( ) ( ) 아빠는 커피를 마신다.

11. He **talks** very fast. ➡ ( ) ( ) 그는 아주 빨리 말한다.

12. She gave me a **big** apple. ➡ ( ) ( ) 그녀는 나에게 큰 사과를 줬다.
목적어가 두 번 나오는 경우도 있어. 4형식에서 배울 거야.

13. My dog runs **slowly**. ➡ ( ) ( ) 나의 개는 느리게 달린다.

14. They see **her** dance. ➡ ( ) ( ) 그들은 그녀가 춤추는 것을 본다.
보통, 목적어는 '~을(를)'로 해석되지만 목적어 자리에 있으면서 ~이/가로 해석되기도 해.

15. I hear you **sing**. ➡ ( ) ( ) 나는 네가 노래 부르는 것을 듣는다.

소화제 투입

비슷하게 생겼는데 왜 어떤 건 보어고 어떤 건 목적어가 되나요?
We are students.(우리는 학생들이다.): 보어는 '~이다'로 해석되고, 주어와 동격 관계가 성립돼. (We = students)
We love students.(우리는 학생들을 사랑한다.): 목적어는 '~을(를)'로 해석되고, 주어와 목적어는 동격 관계가 성립되지 않아.
(We ≠ students)

1. 사람들이 걷는다. ➡ People _____ .
　　　　　　　　　　　　주어　　　　　술어

> 메모리제이션 문제는 이번 과의 가장 기본이 되는 예문들이야. 이 문장들은 꼭 외우고 넘어가자! 말로 바로바로 나와야 잔짜 암기거든. 입에서 술술 나올 때까지 박자에 맞춰서 연습해 봐!

2. 그들은 가수들이다. ➡ They _____ .
　　　　　　　　　　　　주어　　　술어　　　　보어

3. 나는 악어들을 정말 좋아한다. ➡ I _____ .
　　　　　　　　　　　　　　　　주어　술어　　　목적어

4. 그녀는 나에게 선물을 (하나) 줬다. ➡ She _____ me _____ .
　　　　　　　　　　　　　　　　　　주어　술어　목적어　수식어　　목적어

5. 나는 줄리가 춤추는 것을 본다. ➡ I _____ Julie _____ .
　　　　　　　　　　　　　　　　주어　술어　목적어　　보어

그림으로 기억하기　그림을 보고, 문장 구성 5요소에 해당하는 단어들을 보기에서 찾아 쓰세요.

보기 │ • They are singers.
　　　　• We love crocs very much.

03 문장의 5형식(1, 2, 3형식) — 그 회사엔 누가 근무할까?

영어 나라의 8개 가문 아이들이 자라 문장 회사에 취직한다고 했지? 그런데 회사마다 영업부장(술어)의 성향이 달라. 1형식 회사엔 진짜 혼자서도 완전 일 잘하는 '완전 자동사', 2형식 회사엔 큰소리 뻥뻥 쳐 놓고 정작 일할 땐 비서(보어)의 도움을 받는 '불완전 자동사', 3형식 회사엔 여친(목적어)과 딱 붙어 떨어지지 않는 로맨티시스트 영업부장 '타동사'가 있어.

8개의 가문(명동형부 감전대접)의 백성인 단어들이 자라 회사에 취직하고, 각자 자기 직위(주목 보수술)를 수행하는 과정을 배웠어. 이제는 단어가 취직하는 회사인 '문장'에 대해 알아볼 거야. 세상엔 수많은 종류의 회사가 존재하지. 영어 나라에도 수많은 회사(문장)가 존재하지만, 알고 보면 모든 회사는 딱 5가지로 나눌 수 있어. 그 5가지 회사를 바로 영어 문장의 기본 형태인 '문장의 5형식'이라고 부르는데 영문법에서 꼭 이해하고 기억해야 할 내용이야. 5가지의 문장 형식 중에서 먼저 1, 2, 3 형식을 살펴볼 거야!

위의 그림을 보고 1, 2, 3형식의 문장 구성 요소를 완성하세요.

1형식 = 주어 + (   )   2형식 = 주어 + 술어 + (   )   3형식 = 주어 + 술어 + (   )

어동목 '어보 '어술 '어주 : 답정

영어 문장 1형식, 2형식, 3형식

■ 1형식: 주어 + 술어

1형식은 '주어 + 술어'만으로 완전한 의미를 나타내는 문장이야.

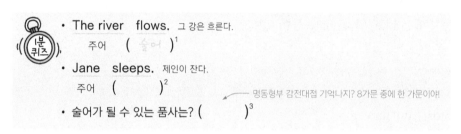

The sparrow   flies. 그 참새가 난다.

주어   술어   1형식 문장의 술어(영업부장)는 혼자서도 알아서
                          일 잘하는 '완전 자동사'야.

1형식에 나오는 '완전 자동사'는 fly, walk, flow, talk, go, come, run처럼 동작의 '대상'이 필요 없는 동사들이야.

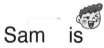

- **The river   flows.** 그 강은 흐른다.
  주어   (술어)¹

- **Jane   sleeps.** 제인이 잔다.
  주어   (   )²

- 술어가 될 수 있는 품사는? (   )³

← 명동형부 감전대접 기억나지? 8가문 중에 한 가문이야!

정답 1. 술어 2. 술어 3. 동사

■ 2형식: 주어 + 술어 + 보어

2형식은 주어와 술어만 있으면 말이 되지 않는 문장들이야. 동사만으로는 주어에 대한 설명이 부족해서 보어라는 비서가 꼭 필요해.

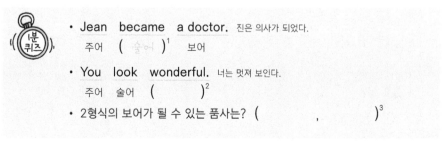

Sam   is   a teacher. 샘은 선생님이다.

주어   술어   보어   2형식에서는 주어를 보충해 주는 말이 필요해.
                          그래서 '주격 보어'라고 부르지.

2형식 문장에서 술어(영업부장)는 혼자서는 일 처리를 못하고 보어라는 비서의 도움을 받아야 하는 '불완전 자동사'야. 주격 보어를 필요로 하는 동사를 '불완전 자동사'라고 해. 2형식에 쓰이는 '불완전 자동사'는 동사의 뜻이 '(~인 상태)이다', '(~한 상태로) 되다', 또는 '~이(가) ~(하게) 보이다'처럼 보충해 주는 말이 필요한 동사들이야. 대표적인 단어들로는 be동사(am, are, is), become, look 등이 있어.

소화제 투입

2형식의 보어는 주어를 보충하는 말!

Jean became a doctor.
진이 의사

You look wonderful.
네가 멋짐

- **Jean   became   a doctor.** 진은 의사가 되었다.
  주어   (술어)¹   보어

- **You   look   wonderful.** 너는 멋져 보인다.
  주어   술어   (   )²

- 2형식의 보어가 될 수 있는 품사는? (,   )³

정답 1. 술어 2. 보어 3. 명사, 형용사

■ 3형식: 주어 + 술어 + 목적어

3형식은 '~을(를)'에 해당하는 목적어가 꼭 필요해.

3형식 문장의 술어(영업부장)는 외로움을 많이 타는
'타동사'야. 꼭 여친(목적어)이 곁에 있어 줘야 해.

You	hate	dogs.	너는 개들을 싫어한다.
주어	술어	목적어	

타동사의 여친인 목적어야. 목적어는 우리말의
'~을(를)', '~에게'에 해당하는 말이지.
dog 같은 명사나 him 같은 대명사가 목적어로
올 수 있어.

I like~ (나는 ~을 좋아해)라고만 한다면, 상대방은 '뭘?' 이렇게 묻겠지?
이렇게 '~을(를)' 부분을 채우지 않으면 문장이 완성되지 않는 게 타동사야.
3형식에 쓰이는 대표적인 '타동사'에는 like, love, hate 등이 있어.

- I   have   a problem.   나는 하나의 문제를 가지고 있다(문제가 하나 있다).
  주어   술어   (   )¹

- They   take   notes.   그들은 노트를 적는다.
  주어   술어   (   )²

- 목적어가 될 수 있는 품사는? (,   )³

정답 1. 목적어 2. 목적어 3. 명사, 대명사

우리말을 보고 밑줄 친 동사(자동사, 타동사)의 종류를 쓰세요.

소화제 투입

- 여친(목적어)이 없어도 혼자서 일을 잘하면 자동사, 여친(목적어) 없이 절대로 혼자 일을 못하면 타동사야.
- 목적어는 대개 우리말로 '~을(를)'로 해석돼.
- 부사를 모두 지우고 해석하면 좀 쉬울 거야!

1. 나는 빨리 **걷는다**.   ➡   (자동사)

2. 그녀는 늦게 **일어난다**.   ➡   (   )

3. 지니는 쇼핑을 완전 **좋아한다**.   ➡   (   )

4. 그는 결국 가수가 **되었다**.   ➡   (   )

5. 톰이 치킨을 **먹는다**.   ➡   (   )

6. 너는 오늘 어려 **보인다**.   ➡   (   )

24

밑줄 친 단어의 문장 구성 요소를 알파벳 약어로 쓴 다음, 괄호 안에 문장의 형식을 쓰세요.

보기 | 영어 문장의 필수 구성 요소: 주어(S), 술어(V), 보어(C), 목적어(O)

1. I   am   lonely.　　　　　(2형식) 나는 외롭다.
　 S　V　 C

2. My boyfriend   is   a rapper.　(　) 내 남자 친구는 래퍼다.
　　　　S　　　(　)　(　)

3. The butterfly   flies.　　　　(1형식) 그 나비가 난다.
　　　　S　　　　(　)

4. Max   looks   cool.　　　　　(　) 맥스는 멋져 보인다.
　(　)　 V　 (　)

5. I   want   pizza.　　　　　　(　) 나는 피자를 원한다.
　 S　(　)　 O

fast 같은 수식어는 알바생이라 문장 구성 요소가 아닌 거 기억하지?

6. The water   flows   fast.　　　(　) 물살이 빠르게 흐른다.
　　 (　)　 (　)

7. I   take   a shower.　　　　　(　) 나는 샤워를 한다.
　(　)　(　)　(　)

8. I   see   ghosts.　　　　　　(　) 나는 유령들을 본다.
　(　)　(　)　(　)

9. He   became   a doctor.　　　　(　) 그는 의사가 됐다.
　(　)　(　)　(　)

10. She   likes   a doctor.　　　　(　) 그녀는 의사를 좋아한다.
　(　)　(　)　(　)

at 5 o' clock 같은 수식어도 알바생이라 문장 구성의 필수 요소가 아니야.

11. The sun   rises   at 5 o'clock.　(　) 해가 5시에 뜬다.
　　(　)　(　)

12. Ken   hates   spicy food.　　　(　) 켄은 매운 음식을 싫어한다.
　(　)　(　)　(　)

13. He   has   long hair.　　　　　(　) 그는 긴 머리를 가지고 있다(그는 머리가 길다).
　(　)　(　)　(　)

14. My sister and I   sleep well.　　(　) 언니랑 나는 잘 잔다.
　　(　)　(　)

소화제 투입

필수 단어 lonely 외로운　rapper 래퍼　butterfly 나비　rise 오르다　spicy 매운　take a shower 샤워하다

2형식과 3형식 구분하기
2형식의 주격 보어는 주어를 보충해 주는 말이라, S = C의 관계가 성립해.
예) He became a doctor. 그는 의사가 되었다. (그 = 의사(같은 사람) → 2형식)
　　He likes a doctor. 그는 의사를 좋아한다. (그 ≠ 의사(서로 다른 사람) → 3형식)

1. 그 참새가 난다. ➡ The _____ flies. (1형식)

2. 그 강이 흐른다. ➡ The river _____. ( )

3. 제인이 잔다. ➡ Jane _____. ( )

4. 샘은 선생님이다. ➡ Sam _____ a _____. ( )

5. 진은 의사가 되었다. ➡ Jean _____ a _____. ( )

6. 너는 멋져 보인다. ➡ You _____ wonderful. ( )

7. 너는 개들을 싫어한다. ➡ You _____ dogs. ( )

8. 나는 문제가 하나 있다. ➡ I have a _____. ( )

9. 그들은 노트를 적는다. ➡ They _____ notes. ( )

그림으로 기억하기 | 그림을 보고 1, 2, 3 형식의 문장 구성 요소를 쓰세요.

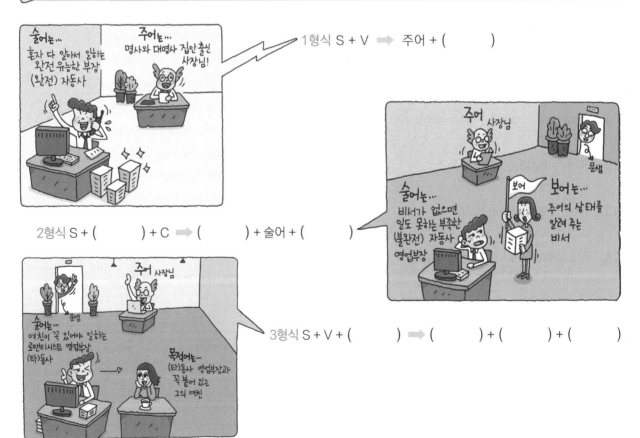

26

04 문장의 5형식(4, 5형식) — 그 회사엔 누가 근무할까?

4형식과 5형식의 회사(문장)들도 역시나 영업부장의 성향에 따라 구성이 달라져. 4형식의 '수여동사' 부장은 꼭 여친을 데리고 다니는 '타동사'의 한 종류인데, 여친 한 명만으론 성이 안 차서 여친(목적어)을 두 명이나 데리고 다니는 완전 바람둥이야.

4형식과 5형식은 복잡해 보여도 생각보다 어렵지 않아. 4형식과 5형식 모두 다 3형식에서 뻗어 나간 가지들이기 때문이야. 4형식의 구조를 만드는 술어를 '수여동사'라고 하는데, 상장을 '수여'하듯 무언가를 '주는' 동사들이야. 5형식은 3형식의 구조를 그대로 빌려쓰되, 딱 한 가지가 더 붙어. 그 동작의 대상이 되는 목적어(여친)가 무엇을 하고 있는지 말해 주는 목적 보어(비서)가 붙어.

위의 그림을 보고 4, 5형식의 문장 구성 요소를 완성하세요.

4형식 = 주어 + (   ) + (   ) 목적어 + (   ) 목적어

5형식 = 주어 + 동사 + 목적어 + (   )

정답 수여동사, 간접, 직접, 목적 보어

27

영어 문장 4형식, 5형식

■ 4형식: 주어 + 술어 + 간접 목적어 + 직접 목적어

4형식은 '수여동사'라는 2개의 목적어를 필요로 하는 특별한 녀석이 나와. 수여동사 bring을 보면 '~을(를)'이 붙는 직접 목적어뿐 아니라 '~에게'가 붙는 간접목적어까지 달고 다녀.

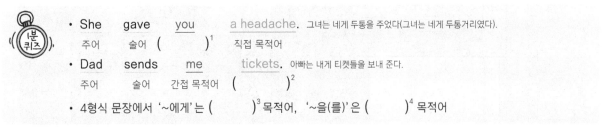

	수여동사	간접 목적어(IO)	직접 목적어(DO)	
You	**bring**	**me**	**flowers.**	너는 내게 꽃들을 가져다 준다.
주어	술어	간접 목적어	직접 목적어	

4형식에 쓰이는 대표적인 수여동사를 알아두자. ask(물어보다) 외에는 다음처럼 모두 '주는 느낌'이 있는 동사들이야. 이런 수여동사가 있으면 해석할 때 '~에게 ~을(를)'이 꼭 나와. give(주다), tell(말해 주다), teach(가르쳐 주다), send(보내 주다), lend(빌려주다), show(보여 주다), write(써 주다), bring(가져다 주다), make(만들어 주다), get(얻어 주다, 가져다 주다)이 있어.

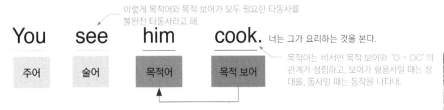

- **She gave you a headache.** 그녀는 네게 두통을 주었다(그녀는 네게 두통거리였다).
  주어 술어 (   )¹ 직접 목적어
- **Dad sends me tickets.** 아빠는 내게 티켓들을 보내 준다.
  주어 술어 간접 목적어 (   )²
- 4형식 문장에서 '~에게'는 (   )³ 목적어, '~을(를)'은 (   )⁴ 목적어

정답 1. 간접 목적어 2. 직접 목적어 3. 간접 4. 직접

■ 5형식 주어 + 술어 + 목적어 + 목적 보어

5형식은 말만 복잡하지 정말 쉬운 구조라서 3형식을 확실히 안다면 금방 이해할 수 있어. 'You see him.'까지만 보면 3형식 문장이야. 그런데 him이 무엇을 하는지 보충 설명해 주는 말인 목적어의 비서, 목적 보어가 따라 나오면 문장이 5형식으로 바뀌는 거야.

이렇게 목적어와 목적 보어가 모두 필요한 타동사를 불완전 타동사라고 해.

You	**see**	**him**	**cook.**
주어	술어	목적어	목적 보어

너는 그가 요리하는 것을 본다.

목적어는 비서인 목적 보어와 'O = OC'의 관계가 성립하고, 보어가 형용사일 때는 상태를, 동사일 때는 동작을 나타내.

5형식에 쓰이는 대표적인 불완전 타동사에는 see(보다), hear(듣다), feel(느끼다), make(만들다), call(부르다), find(깨닫다)가 있어.

make는 4형식과 5형식에 모두 쓰이는 박쥐 같은 동사야!

- I **heard** <u>you</u> **sing.** 나는 네가 노래하는 것을 들었다.
  주어   술어   목적어   (   )[1]

- **You feel** <u>the baby</u> **move.** 너는 그 아기가 움직이는 것을 느낀다.
  주어   술어   목적어   (   )[2]

- **You make** <u>me</u>   **a fool.** 너는 나를 바보로 만든다. (me = a fool)
  주어   술어   목적어   (   )[3]

- **You make** <u>me</u>   **happy.** 너는 나를 행복하게 만든다. (me = happy)
  주어   술어   (   )[4] (   )[5]

- 목적 보어로 올 수 있는 품사는? (동사 ,   ,   )[6]

정답 1. 목적 보어 2. 목적 보어 3. 목적 보어 4. 목적어 5. 목적 보어 6. 동사, 형용사, 명사

■ 한 번 알면 안 헷갈리는 4형식과 5형식의 구분법

4형식은 간접 목적어와 직접 목적어의 관계, 5형식은 목적어와 목적 보어의 동격 관계를 살펴보면 돼.

목적 보어는 약어로 OC야, 목적어 object와 보어 complement를 붙인 거야.

You make me spaghetti.
　　　IO　　DO

4형식은 IO에게 DO를 주는 것. 간목(me) ≠ 직목(spaghetti)
너는 나에게 스파게티를 만들어 준다.

You make me a fool.
　　　O　　OC

5형식은 OC가 O를 보충 설명하는 것. 목적어(me) = 목적 보어(a fool)
너는 나를 바보로 만든다.

우리말로 시작하기

다음 문장의 형식과 밑줄 친 동사의 종류(수여동사, 불완전 타동사)를 쓰세요.

소화제 투입

4형식 동사 외우려면?
4형식 동사는 모두 주는 동사들이야. 상상해 보자~ 내가 좋아하는 아이돌이 나에게 얼굴도 보여 주고 (show), 꽃도 가져다 주고(bring), 선물도 주고(give) 콘서트 티켓도 보내고(send) 공부도 가르쳐 준다 (teach)고.

1. 그는 나에게 선물을 **준다**.　　　➡ (4형식) (수여동사)

2. 나는 그녀가 춤추는 것을 **본다**.　➡ (   ) (   )

3. 제시는 그들이 소리지르는 것을 **듣는다**.　➡ (   ) (   )

4. 메이는 그에게 중국어를 **가르쳐 준다**.　➡ (   ) (   )

5. 우리는 바람이 부는 것을 **느낀다**.　➡ (   ) (   )

6. 제인은 나에게 그녀의 옛날 사진을 안 **보여 준다**.　➡ (   ) (   )

밑줄 친 단어의 문장 구성 요소를 알파벳 약어로 쓴 다음 , 괄호 안에 문장의 형식을 쓰세요 .

보기 | 알파벳 약어: 주어(S), 술어(V), 목적어(O), 간접 목적어(IO),
직접 목적어(DO), 목적 보어(OC)

1. He brings me books.   (4형식) 그는 내게 책들을 가져다 준다.
   S   V   IO   DO

아직 영어가 해석이 안 될 수도 있어. 그런 문장은 오른쪽의 해석을 보며 문제를 풀어 봐.

2. I heard you cry.   (   ) 나는 네가 우는 것을 들었다.
   S   V   O   OC

소화제 투입

3. Jessica gave him a kiss.   (   ) 제시카는 그에게 키스를 해줬다.
   S   V   (   ) (   )

문장의 5형식을 외워 두면 해석할 때나 영작할 때 도움이 돼.

4. She sends me money.   (   ) 그녀는 나에게 돈을 보내 준다.
   S   V   (   ) (   )

1형식: S+V
2형식: S+V+C
3형식: S+V+O

5. I see you smile.   (   ) 나는 네가 미소 짓는 것을 본다.
   S   V (   ) (   )

4형식: S+V+IO+DO
5형식: S+V+O+OC

6. He buys me an iPad.   (   ) 그는 내게 아이패드를 사 준다.
   S (   ) (   ) (   )

S: 주어 V: 술어 C: 보어 O: 목적어
IO: 간접 목적어 DO: 직접 목적어
OC: 목적 보어

7. I heard them fight.   (   ) 나는 그들이 싸우는 것을 들었다.
   S (   ) (   ) (   )

8. Nancy tells us her secret.   (   ) 낸시는 우리에게 그녀의 비밀을 말해 준다.
   S   (   ) (   )   (   )

9. She makes us pancakes.   (   ) 그녀는 우리에게 팬케이크를 만들어 준다.
   S   (   ) (   ) (   )

10. She makes us sad.   (   ) 그녀는 우리를 슬프게 만든다.
    S   (   ) (   ) (   )

11. Paul writes her letters.   (   ) 폴은 그녀에게 편지들을 써 준다.
    S   (   ) (   ) (   )

12. He asks her questions.   (   ) 그는 그녀에게 질문들을 한다.
    S (   ) (   )   (   )

13. The nature teaches me music. (   ) 자연이 나에게 음악을 가르쳐 준다.
    S   (   )   (   ) (   )

14. I feel him breathe.   (   ) 나는 그가 숨쉬는 것을 느낀다.
    ( )(   ) (   ) (   )

15. We elected her president.   (   ) 우리는 그녀를 회장으로 뽑았다.
    ( ) (   ) (   ) (   )

소화제 투입

다이렉트란 말 많이 쓰지? 직접이란 뜻!

indirect object 간접 목적어 → 약어로 IO   direct object 직접 목적어 → 약어로 DO

필수 단어 fight 싸우다 secret 비밀 sad 슬픈 letter 편지 nature 자연 breathe 숨쉬다 elect 뽑다, 선출하다

1. 너는 나에게 꽃들을 가져다 준다. ➡ You _____ me _____. (4형식)

2. 그녀는 너에게 두통을 줬다. ➡ She _____ you a _____. ( )

3. 아빠는 나에게 티켓들을 보내 준다. ➡ Dad _____ me _____. ( )

4. 너는 그가 요리하는 것을 본다. ➡ _____ _____ him cook. ( )

5. 나는 네가 노래하는 것을 들었다. ➡ _____ heard _____ sing. ( )

6. 너는 그 아기가 움직이는 것을 느낀다. ➡ _____ _____ the baby _____. ( )

그림으로 기억하기 그림을 보고 괄호 안에 알맞은 말을 쓰세요.

1. 4형식

• S + V + IO + DO
주어 + 술어 + ( ) + ( )

• 2개의 목적어를 갖는 4형식 동사는?
( )동사라고 부른다.

2. 5형식

• S + V + O + OC
주어 + 술어 + ( ) + ( )

• 목적어와 목적 보어를 갖는 5형식 동사는?
( ) 타동사라고 부른다.

05 구와 절 1 — 혼자 놀기, 몰려 다니기, 그리고 회사 만들기

단어는 낱말 하나(혼자 놀기), **구**는 단어들이 함께 모여 있는 것(몰려 다니기), **절**은 단어들이 문장의 형식(주어 + 술어)을 갖추는 것(회사 만들기).

두 마리 새가   난다.
주어구   +   술어

그것이   난다.
주어 + 술어
문장 또는 절이라고 불러

Two   birds   fly.
단어   단어   단어
구
문장

It   flies.
단어   단어
문장

두 마리 새가   날아가 버린다.
주어구   +   술어구

Two birds   fly away.
단어 단어   단어   단어
구   구
문장

단어가 모여 있는 형식은 세 가지가 있어. two, birds, fly처럼 각각의 낱말이 달랑 혼자 놀고 있으면 '단어', two birds(두 마리의 새), fly away(날아가 버리다)처럼 두 개 이상의 단어들이 함께 몰려 다니면 '구', 단어가 몰려 다니더라도 "Two birds fly.(두 마리의 새가 난다.)"처럼 '주어 + 술어(동사)'의 문장 구성 형식을 갖추면 문장 또는 절이라고 불러.

알맞은 것끼리 연결하세요.
1. 문장을 이루는 낱개의 것(혼자 놀기).   •   • 단어
2. 두 개 이상의 단어가 모였으나 의미상 결론이 없음(단어가 몰려 다니기). •   • 절(문장)
3. 두 개 이상의 단어가 '주어 + 술어'의 구조를 가지고 있음(회사 만들기).   •   • 구

정답 1. 단어 2. 구 3. 절(문장)

32

1형식, 2형식 문장에서 단어, 구, 문장의 관계

구로 이루어져 복잡해 보이는 문장도 문장의 5형식 중 하나일 뿐이야. 복잡해 보여서 형식이 헷갈릴 수 있지만 알고 보면 단어가 '구'로 바뀐 것밖에 없어. 그러니까 긴 문장을 만나더라도 주어와 술어 역할을 하는 단어나 구부터 찾아 보자.

■ 1형식 문장에서 구

1형식 문형이 '주어 + 술어'라는 것과 1형식 술어에 쓰이는 동사가 혼자서도 완전 잘하는 완전 자동사라는 거 기억하지? 1형식 문장에서 구는 주어구나 술어구의 역할을 할 수 있어.

Two birds fly. 두 마리의 새가 난다.

구	+	단어
주어구	+	술어
명사구	+	동사

주어 역할을 하는 '구'라서 '주어구'라고 해. Two birds를 품사로 보면 명사구야. '두 마리의'가 '새'를 꾸며 주니까 '새(birds)'가 구의 주인이 되는 거야. 새는 명사니까 명사구가 되는 거야.

Two birds fly away. 두 마리의 새가 날아가 버린다.

구	+	구
주어구	+	술어구
명사구	+	동사구

'날아가 버리다'가 술어 역할을 하니 술어구야. 품사로 보면 '멀리(away)'가 '날다(fly)'를 꾸며 주니까 '날다'가 주인이 돼, fly는 동사니까 동사구라고 해.

Two big birds fly away very fast. 두 마리의 큰 새가 아주 빠르게 날아가 버린다.

구	+	구	+	구
주어구	+	술어구	+	수식어구
명사구	+	동사구	+	부사구

'아주 빠르게'는 수식어 역할을 하는 수식어구, 품사로 보면 부사 '아주(very)'가 부사 '빠르게(fast)'를 꾸며 주는 부사구.

'형용사 + 명사'든, '동사 + 부사' 든, '부사 + 부사 + 동사'든 아무리 많은 단어가 몰려 있어도 그냥 '구'라고 해. 주어가 없거나 동사가 없으니까. 짧은 문장이라도 주어와 동사가 있으면 절(문장)이야.

 1형식에 쓰이는 동사의 종류는? ( )[1] 1형식 문형을 S, V, O, C로 표현하면? ( )[2]

■ 2형식 문장에서 구

2형식 문형은 '주어 + 술어 + 보어'의 구조고 여기에 나오는 동사는 보어가 필요한 불완전 자동사라는 거 알고 있지? 2형식 문장에서 구는 주어구, 술어구, 보어구의 역할을 할 수 있어.

Mom is tired. 엄마는 피곤하다.

단어	+	단어	+	단어
주어	+	술어	+	보어
명사	+	동사	+	형용사

← 구 없이 단어로만 이루어진 문장.

명사 성질의 주어구.

Mom and dad are very tired. 엄마와 아빠는 매우 피곤하다.

구	+	단어	+	단어
주어구	+	술어	+	보어구
명사구	+	동사	+	형용사구

'매우 피곤하다'는 형용사 성질의 구.

Mom and dad are very tired right now. 엄마와 아빠는 바로 지금 매우 피곤하다.

구	+	단어	+	구	+	구
주어구	+	술어	+	보어구	+	수식어구
명사구	+	동사	+	형용사구	+	부사구

'바로 지금'은 부사 성질이면서, 수식어 역할을 하는 구.

■ 밑줄 친 구의 성질(품사)과 역할(문장 구성 요소) 쓰기

문장	가문	품사	역할	직위
1. **Two birds** fly.		명사(구)	주어(구)	
2. Two birds **fly away**.		동사(구)		
3. Two big birds fly away **very fast**.			수식어(구)	
4. **Mom and dad** are tired.		명사(구)		
5. Mom and dad are **very tired**.		형용사(구)		
6. Mom and dad are very tired **right now**.			수식어(구)	
7. Mike is **my old friend**.				

정답: 1. 명사(구), 주어(구) 2. 동사(구), 동사(구) 3. 부사(구), 수식어(구) 4. 명사(구), 주어(구) 5. 형용사(구), 보어(구) 6. 부사(구), 수식어(구) 7. 명사(구), 보어(구)

우리말로 시작하기 | 다음 문장의 밑줄 친 부분이 각각 단어, 구, 절 중에 무엇인지 ○표 하세요.

1. **민호와 다온이는** 아이돌을 좋아한다.   (단어 / 구 / 절)

2. 두 마리의 벌이 **매우 빨리** 난다.   (단어 / 구 / 절)

3. 엄마는 가고, **아빠는 가지 않는다**.   (단어 / 구 / 절)

4. 그들은 **K-pop과 J-pop을** 좋아한다.   (단어 / 구 / 절)

5. 나는 치킨을 **바로 지금** 먹고 싶다.   (단어 / 구 / 절)

6. 엄마와 아빠는 지금 **매우** 행복하다.   (단어 / 구 / 절)

소화제 투입

> 낱말 하나만 달랑 있으면 단어, 단어가 두 개 이상 모여 주어, 술어, 보어 등의 역할을 하면 구, '주어+술어'의 구조를 갖추고 있으면 절이라고 했지?
> 아빠는 가지 않는다.(Dad doesn't go.)의 경우, 주어와 술어가 다 있으니 절이겠지.

다음 문장의 (   )에 해당하는 구의 성질과 역할을 쓰고, 문장의 형식을 쓰세요.

보기 | 성질(품사): 명사구, 동사구, 형용사구, 부사구
　　　역할(문장 구성 요소): 주어구(S), 술어구(V), 보어구(C), 수식어구

（구의 성질）　（문장 속 역할）

1. My sister　is　very tired.
　　S　　　V　（　C　）
（ 형용사구 ）（ 보어구 ）（ 2형식 ）우리 언니는 매우 피곤하다.

2. My friend and I　became　nurses.
　　（　　　）　　　V　　　C
（　　　）（　　　　）（ 2형식 ）내 친구와 나는 간호사가 됐다.

3. I　often　fall down.
　　S　수식어　（　　　）
'넘어지다'라는 뜻이야.
（　　　）（　　　）（　　　）나는 자주 넘어진다.

4. The angry bird　flies away.
　　　　S　　　　（　　　）
（　　　）（　　　）（　　　）그 화가 난 새가 날아간다.

5. We　are　hungry　right now.
　　S　V　　C　（ 수식어구 ）
형용사를 꾸며 주는 부사구.
（　　　）（　　　）（　　　）우리는 바로 지금 배고프다.

6. I　study　at night.
　　S　V　（　　　）
（ 부사구 ）（　　　）（ 1형식 ）나는 밤에 공부한다.

7. You　look　so wonderful.
　　S　V　（　　　）
（　　　）（　　　）（　　　）너는 오늘 아주 멋있어 보인다.

feel, taste, sound, smell처럼 감각을 나타내는 동사 뒤에 형용사가 나오면 '~하게 느껴지다(맛이 나다, 들리다, 냄새가 나다)라는 뜻이 돼. 부사로 해석되지만 형용사가 나온다는 것에 주의하자!

8. She　smells　so good.
　　S　　V　（　　　）
（ 형용사구 ）（　　　）（ 2형식 ）그녀는 아주 좋은 향기가 난다.

9. Mike　is　my old friend.
　　S　V　（　　　）
（ 명사구 ）（　　　）（　　　）마이크는 내 오랜 친구이다.

10. You　talk　too fast.
　　S　V　（　　　）
（　　　）（　　　）（ 1형식 ）너는 너무 빨리 말한다.

11. All the members　are　handsome.
　　（　　　）　　　V　　　C
（　　　）（ 주어구 ）（　　　）모든 멤버들이 잘생겼다.

12. Spring　is　my favorite season.
　　S　　V　（　　　）
（　　　）（　　　）（ 2형식 ）봄은 내가 제일 좋아하는 계절이다.

13. We　sit　on the bench.
　　S　V　（　　　）
（　　　）（ 수식어구 ）（　　　）우리는 벤치에 앉는다.

14. My brother jogs every day.
　　（　　　）　V　수식어구
（　　　）（　　　）（ 1형식 ）우리 오빠는 매일 조깅한다.

소화제 투입

구의 역할
명사구는 명사처럼 주어, 보어, 목적어의 역할, 형용사구는 형용사처럼 명사, 대명사를 꾸며 주거나 보어의 역할, 부사구는 부사처럼 동사, 형용사, 부사를 꾸며 주는 역할을 해. 부사구는 in the park, at night처럼 시간과 장소를 나타내는 경우가 많아.

be동사의 쓰임 - 언제는 1형식이고 언제는 2형식인가요?
be동사는 '~있다'로 해석되면 1형식, '~이다'로 해석되면 2형식이라는 것도 꼭 알아 두자!

Memorization 우리말을 보고 영어 문장을 완성하고 문장의 형식을 쓰세요.

이번 과에서는 '구와 절'을 다룬 만큼 문장이 길기 때문에 외우는 게 쉽지 않을 거야. 그래도 외워질 때까지 소리내서 말해 봐. 입으로 말해야 진짜 영어 실력이라는 것!

1. 두 마리 새가 난다.　　　　　⇒　Two birds ＿＿＿. (1형식)

2. 두 마리의 새가 날아가 버린다.　　⇒　Two ＿＿＿＿＿ away. (　　)

3. 두 마리의 큰 새가 아주 빨리 날아가 버린다.

　⇒　＿＿＿＿＿＿＿＿＿＿ very fast. (　　)

4. 엄마는 피곤하다.　　　　　⇒　＿＿＿＿ is ＿＿＿. (　　)

5. 엄마와 아빠는 매우 피곤하다.　⇒　Mom and dad ＿＿＿＿＿＿. (　　)

6. 엄마와 아빠는 바로 지금 매우 피곤하다.

　⇒　＿＿＿＿＿＿＿＿＿＿ right now. (　　)

그림으로 기억하기 괄호 안에 알맞은 말을 보기에서 찾아 쓰세요.

보기 | 주어구, 술어구, 보어구, 수식어구, 목적어구

1. **Two birds** fly.
(　　　)

2. **Mom and dad** are tired.
(　　　)

3. Mom and dad are tired **right now**.
(　　　)

4. She is **very happy**.
(　　　)

Two birds　fly away.
단어　단어　단어　단어
┴　　　┴
문장

단어가 2개 이상 모이면 구나 절이 된다고 했지?
그런데 단어가 아무리 많아도 주어(사장)와 술어(영업부장)가 없으면 **구**이고, 주어와 술어가 있으면 **절**(또는 **문장**)이 돼. 절 한 개만으로도 문장(회사)은 성립되고, 절이 두 개 이상 모여 문장(회사)을 만들기도 해.

절이 회사라면 구는 '업무 팀' 같은 거야. 구 역시 단어와 마찬가지로 문장 안에서 출신 가문(품사)과 역할(문장의 구성 요소)을 가지고 있어. 품사로서는 명사구, 동사구, 형용사구, 부사구 역할을 하고, 구성 요소로서는 주어구, 술어구, 보어구, 목적어구 역할을 할 수 있어. 이번에는 목적어구와 목적 보어구에 대해 집중적으로 공부할 거야.

다음 밑줄 친 구의 품사와 문장 구성 요소를 쓰세요.

	1. I and my brother	2. listen to	3. mom and dad	4. sing and talk.
품사	(명사)구	( )구	( )구	( )구
기능	(주어)구	( )구	( )구	( )구

정답 1. 명사, 주어 2. 동사, 술어 3. 명사, 목적어 4. 동사, 목적 보어

3형식, 4형식, 5형식 문장에서 단어, 구, 문장의 관계

■ 3형식 문장에서 구

3형식은 목적어가 필요한 완전 타동사가 나오고, '주어 + 술어 + 목적어'의 구조를 갖춘 문형을 말하는데, 3형식 문장에서 구는 주어구, 술어구, 목적어구의 역할을 할 수 있어.

You   keep   it. 너는 그것을 보관한다.

단어 + 단어 + 단어 ◀── 구 없이 단어만으로 구성된 3형식 문장.

주어 + 술어 + 목적어

'(능력, 수준, 거리 등을) 따라가다, 따라잡다'라는 뜻이야.

You and I   keep up with   it. 너와 나는 그것에 보조를 맞춘다.

구   +   구   +   단어

주어구   +   술어구   +   목적어(S + V + O)

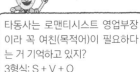

타동사는 로맨티시스트 영업부장이라 꼭 여친(목적어)이 필요하다는 거 기억하고 있지?
3형식: S + V + O

You and I   keep up with   the schedule. 너와 나는 스케줄에 맞춰 따라간다.

주어구   +   술어구   +   목적어구

(명사구   +   동사구   +   명사구)

 3형식에 쓰이는 동사의 종류는? (   )¹ 3형식 문형을 S, V, O, C 로 표현하면? (   )²

정답 1. 완전 타동사 2. S + V + O

■ 4형식 문장에서 구

4형식 문장은 2개의 목적어가 필요한 수여동사가 나오고 '주어 + 술어 + 간접 목적어 + 직접 목적어'의 구조를 갖춘 문형을 말하는데, 4형식 문장에서 구는 주어구, 술어구, 목적어구의 역할을 할 수 있어.

a letter는 직접 목적어구.

I   send   mom   a letter. 나는 엄마에게 편지 한 통을 보낸다.

단어 + 단어 + 단어 + 구

주어 + 술어 + 간접 목적어 + 직접 목적어 ◀── '~을(를)'로 해석되면 직접 목적어, '~에게'로 해석되면 간접 목적어!

a letter면 (형제인) 존과 내가 부모님께 한 통을 쓴 것. letters면 둘이 따로 쓴 것.

John and I   send   mom and dad   a letter. 존과 나는 엄마와 아빠에게 편지 한 통을 보낸다.

구   +   단어 +   구   +   구

주어구   +   술어 +   간접 목적어구   +   직접 목적어구(S + V + IO + DO)

'(위층에 사는 사람에게) 올려 보내다'라는 뜻이야.

John and I   send up   mom and dad   a letter and a present. 존과 나는 엄마와 아빠에게 편지 한 통과 선물을 올려 보낸다.

주어구   +   술어구   +   간접 목적어구   +   직접 목적어구

(명사구   +   동사구   +   명사구   +   명사구)

 4형식에 쓰이는 동사의 종류는? (   )¹ 4형식 문형을 S, V, IO, DO 로 표현하면? (   )²

정답 1. 수여동사 2. S + V + IO + DO

■ 5형식 문장에서 구

5형식은 불완전 타동사가 나오고 '주어 + 술어 + 목적어 + 목적 보어'의 구조를 갖춘 문형을 말하는데 5형식 문장에서 구는 주어구, 술어구, 목적어구, 목적 보어구의 역할을 할 수 있어. 이제 단어, 구, 절을 구분하는 게 슬슬 적용되고 있지?

They   hear   him   talk. 그들은 그가 말하는 것을 듣는다.
단어   단어   단어   단어 ◀── 구 없이 단어로만 이루어진 5형식 문장.

I and they   hear   him   sing and talk. 나와 그들은 그가 노래하고 말하는 것을 듣는다.
구   + 단어 + 단어 + 구
주어구   + 술어 + 목적어 + 목적 보어구(S + V + O + OC)

└── hear는 어떤 소리가 '들린다'는 것이고, listen to는 '귀기울여 듣는다'는 것.

I and they   listen to   him   sing and talk. 나와 그들은 그가 노래하고 말하는 것을 귀기울여 듣는다.
주어구   술어구   목적어   목적 보어구
(명사구   + 동사구 + 대명사 + 동사구)

1분퀴즈), 5형식에 쓰이는 동사의 종류는? (   )¹   5형식 문형을 S, V, O, OC 로 표현하면? (   )²

정답 1. 불완전 타동사 2. S + V + O + OC

우리말을 읽고 밑줄 친 부분에 해당하는 구에 ○표 하세요.

소화제 투입

1. **존과 나는** 강아지를 키운다.   (주어구 / 술어구 / 목적어구 / 목적 보어구)

'~을(를)'이나 '~에게'로 해석되고 사람이나 물건을 나타내면 목적어구이고, 목적어가 어떤 상태인지 무엇을 하는지를 알려주면 목적 보어구야.

2. 그는 나에게 **편지와 선물을** 보냈다.   (주어구 / 술어구 / 간접 목적어구 / 직접 목적어구)

3. 그녀는 **바퀴 벌레 한 마리를** 죽였다.   (주어구 / 술어구 / 목적어구 / 목적 보어구)

4. 톰은 내가 **노래하고 춤추는 것을** 봤다. (주어구 / 술어구 / 목적어구 / 목적 보어구)

```
5형식 총정리!
1형식: S+V
2형식: S+V+C
3형식: S+V+O
4형식: S+V+IO+DO
5형식: S+V+O+OC
S: 주어 V: 술어 C: 보어 O: 목적어
IO: 간접 목적어 DO: 직접 목적어
OC: 목적 보어
```

5. 경찰은 **그 할머니에게** 길을 알려줬다.   (주어구 / 술어구 / 간접 목적어구 / 직접 목적어구)

6. 나는 **두 사람이** 싸우는 것을 들었다.   (주어구 / 술어구 / 목적어구 / 목적 보어구)

보기 | 주어구, 술어구, 목적어구, 간접 목적어구, 직접 목적어구, 목적 보어구, 수식어구

주어구는 주어 역할을, 술어구는 술어 역할을 하는 거야 그러니까 구나 절도 하나의 품사 역할을 하는 거야.

1. She **sends up** me presents. (4형식) / (술어구) 그는 나에게 선물들을 올려 보낸다.

2. Nancy watches **her sister** cook. ( ) / ( ) 낸시는 그녀의 언니가 요리하는 것을 본다.

3. I keep **fish and birds**. ( ) / ( ) 나는 물고기와 새들을 키운다.

4. We **check out** the schedule. ( ) / ( ) 우리는 그 스케줄을 확인한다.
   └ 확인하다

5. I saw **my little dog** dance. ( ) / ( ) 나는 내 작은 개가 춤추는 것을 봤다.

6. He gave me **bread and milk**. ( ) / ( ) 그는 나에게 빵과 우유를 줬다.

7. We hear someone **sing and talk**. ( ) / ( ) 우리는 누군가가 노래 부르고 말하는 것을 듣는다.

8. He **listens to** the old songs. ( ) / ( ) 그는 그 오래된 노래들을 귀기울여 듣는다.

9. I see **one of my students**. ( ) / ( ) 나는 내 학생 중에 한 명을 본다.

10. Tom writes her **a love letter**. ( ) / ( ) 톰은 그녀에게 연애 편지를 쓴다.

11. I heard a noise **in the room**. ( ) / ( ) 나는 방에서 소리를 들었다.

12. He buys **his girlfriend** chocolate. ( ) / ( ) 그는 그의 여자 친구에게 초콜릿을 사 준다.

13. We felt **the window** shake. ( ) / ( ) 우리는 그 창문이 흔들리는 것을 느꼈다.

14. They made their daughter **a doctor**. ( ) / ( ) 그들은 그들의 딸을 의사로 만들었다.

15. Susan makes her mother **a cake**. ( ) / ( ) 수잔은 그녀의 엄마에게 케이크를 만들어 준다.

소화제 투입

지각동사의 목적 보어
지각동사 see, hear, feel 등은 5형식에 쓰이는 대표적인 불완전 타동사라는 거 기억하지? 이 동사들은 목적 보어로 동사원형을 쓰는데, 진행 중인 동작에 초점을 맞추고 싶을 땐 -ing 형태를 써서 동작을 강조하기도 해. 즉 동사원형이나 현재분사(-ing) 두 가지 형태를 취한다는 거지.
예) I saw him run in the park. 나는 그가 공원에서 뛰는 것을 보았다.
　　I saw him running in the park. 나는 그가 공원에서 뛰고 있는 것을 보았다.

1. 너는 그것을 보관한다. ➡ You _____ it.

2. 너와 나는 그것에 보조를 맞춘다. ➡ _____ and _____ _____ up with it.

3. 너와 나는 스케줄에 맞춰 따라간다. ➡ You and I _____ with the schedule.

4. 나는 엄마에게 편지 한 통을 보낸다. ➡ I _____ mom a _____ .

5. 존과 나는 엄마와 아빠에게 편지 한 통을 보낸다.
   ➡ John and I _____ and _____ a _____ .

6. 존과 나는 엄마와 아빠에게 편지 한 통과 선물을 올려 보낸다.
   ➡ John and _____ up mom _____ a _____ and a _____ .

7. 그들은 그가 말하는 것을 듣는다. ➡ They _____ him _____ .

8. 나와 그들은 그가 노래하고 말하는 것을 듣는다. ➡ I and _____ him _____ and _____ .

9. 나와 그들은 그가 노래하고 말하는 것을 귀기울여 듣는다.
   ➡ I and they _____ to _____ and _____ .

그림으로 기억하기   괄호 안에 들어갈 구의 종류를 보기에서 찾아 쓰세요.

보기
주어구
술어구
보어구
수식어구
목적어구
목적 보어구

I and my brother   listen to   mom and dad   sing and talk.
(   )   (   )   (   )   (   )

이 문장은 (형식)입니다.

8품사와 문장의 5형식 총정리

빈칸을 채워
표를 완성하세요!

01 8품사 영어 나라의 8개 가문

		8품사 평생 기억하기: 명동형부 감전대접(명동에서 형부가 오면 감자전을 대접한다.)	
명사	작명가 집안	사람과 물건의 이름	John, park, water, family, love
동사	행동가 집안	몸과 마음의 움직임 표현	run, become, hate, give, hear
1	예술가 집안	양태(모양이나 상태) 표현	big, beautiful, tired, tough, soft
2	신하 집안	동사, 형용사의 정도를 표현	very, much, really, clearly, slowly
3	오바맨 집안	느낌을 표현하는 말	ah, oh, oops
4	액세서리 집안	문장에 명사를 붙여 주는 말	in, out, on, off, up, down
5	귀차니스트 집안	명사를 대신해서 쓰는 말	I, you, he, she, it, we, they
6	접착제 집안	말과 말을 연결해 주는 말	and, but, or, therefore

02 문장 구성 5요소 주목 보수술

문장 회사에서 하는 일과 취직할 수 있는 집안은?

		문장 구성 5요소 평생 기억하기: 주목 보수술(주먹을 보수하는 기술)		
주어	사장	문장의 주인이 되는 말	명사, ( )^{1}만 취직 가능	John walks.
술어	영업부장	주어의 동작, 상태를 나타내는 말	( )^{2}만 취직 가능	People talk.
목적어	영업부장 여친	동사가 나타내는 동작을 받는 대상	( )^3, 대명사만 취직 가능	I love crocs.
4	비서	보충해 주는 말 (주격 보어, 목적 보어)	명사, 대명사, 형용사만 취직 가능 5형식에서는 동사도 취직 가능	They are singers.(주격 보어) They hear him talk.(목적 보어)
5	알바생	문장 구성 요소를 꾸며 주는 말	형용사, 부사 취직 가능	She gave me a big present.

03 문장의 5형식(1, 2, 3형식) 그 회사엔 누가 근무할까?

문장의 형식	문장의 구조	동사의 종류	예문
1형식	주어 + 술어	완전 자동사	The sparrow + flies.
2형식	주어 + 술어 + ( )^1	2	Sam + is + a teacher.
3형식	주어 + 술어 + ( )^3	타동사	You + hate + dogs.

04 문장의 5형식(4, 5형식) 그 회사엔 누가 근무할까?

문장의 형식	문장의 구조	동사의 종류	예문
4형식	주어 + 술어 + 간접 목적어 + 직접 목적어	[1]	You + bring + me + flowers.
5형식	주어 + 술어 + 목적어 + ( )[2]	불완전 타동사	You + see + him + cook.

05 구와 절 1 혼자 놀기, 몰려 다니기, 그리고 회사 만들기

밑줄 친 부분의 품사와 문장 속 역할은?

1형식: 주어 + 동사(S+V)	품사	문장 구성 요소
Two birds fly.	명사구	주어구
Two birds fly away.	( )[1]구	술어구
Two big birds fly away very fast.	부사구	( )[2]구

2형식: 주어 + 동사 + 보어(S+V+C)	품사	문장 구성 요소
Mom and dad are tired.	( )[3]구	주어구
Mom and dad are very tired.	형용사구	( )[4]구
Mom and dad are very tired right now.	( )[5]구	수식어구

06 구와 절 2 구에도 단어처럼 가문과 직책이 있다!

3형식: 주어 + 동사 + 목적어(S+V+O)	품사	문장 구성 요소
You and I keep up with it.	명사구	주어구
You and I keep up with the schedule.	( )[1]구	술어구

4형식: 주어 + 동사 + 간접 목적어 + 직접 목적어(S+V+IO+DO)	품사	문장 구성 요소
John and I send mom and dad a letter.	( )[2]구	간접 목적어구
John and I send up mom and dad a letter.	( )[3]구	( )[4]구

5형식: 주어 + 동사 + 목적어 + 목적 보어(S+V+O+OC)	품사	문장 구성 요소
I and they hear him sing and talk.	동사구	( )[5]구
I and they listen to him sing and talk.	( )[6]구	술어구

표를 모두 완성했나요? 만약 모르는 내용이 있다면, 앞으로 돌아가 다시 한 번 확인하세요!

1 다음 문장에서 밑줄 친 단어나 구의 품사와 문장 구성 요소를 쓰세요(주격 보어는 '보어', 목적 보어는 '목적 보어' 로 쓰세요).

1. Children jump.
    명사   (   )
    (   ) 술어

2. They are bananas.
    <small>┌── be동사가 '이다'로 해석되면 2형식.</small>
    대명사 동사 (   )
    주어 (   ) 보어

3. He always studies.
    대명사 (   ) 동사
    주어   수식어 (   )

4. I became very sad.
    대명사 동사   부사   (   )
    주어   술어   (   ) 보어

5. Jim loves pandas.
    명사   동사   (   )
    주어   술어   (   )

6. We hear Mary sing.
    대명사 동사 (   ) 동사
    주어   술어 목적어 (   )

7. She gave me earphones.
    대명사 동사 대명사   (   )
    주어   술어 (   ) 직접 목적어

8. There are flowers in the park.
    <small>┌── be동사가 '있다'로 해석되면 1형식.</small>
    부사   동사   명사   [(   )   명사]
    수식어 술어   (   )   수식어

9. You and I became family.
    [대명사 (   ) 대명사]   동사   명사
    주어   술어   (   )

10. The tall man teaches us English.
    [(   ) 명사]   동사   대명사   명사
    주어   술어 간접 목적어 (   )

11. She really hates birds.
    대명사 (   )   동사   명사
    주어   수식어   술어   (   )

12. That girl looks so gorgeous today.
    [[(형용사) (명사)]   동사 (   ) 형용사   부사
    주어   술어 수식어 (   ) 수식어

13. We see Jane run.
    대명사 (   ) 명사   동사
    주어   술어   목적어 (   )

14. They elected me president.
    대명사 동사 (   )   명사
    주어   술어 (   ) 목적 보어

<small>해석</small> 1. 아이들은 점프한다. 2. 그것들은 바나나다. 3. 그는 언제나 공부한다. 4. 나는 매우 슬퍼졌다. 5. 짐은 판다를 너무 좋아한다. 6. 우리는 메리가 노래 부르는 것을 듣는다. 7. 그녀는 나에게 이어폰을 줬다. 8. 공원에 꽃들이 있다. 9. 너와 나는 가족이 되었다. 10. 그 큰 남자가 우리에게 영어를 가르친다. 11. 그녀는 새들을 정말 싫어한다. 12. 저 소녀는 오늘 아주 멋져 보인다. 13. 우리는 제인이 달리는 것을 본다. 14. 그들은 나를 회장으로 뽑았다.

2 밑줄 친 단어나 구의 문장 구성 요소를 주어(S), 술어(V), 목적어(O), 보어(C), 간접 목적어(IO), 직접 목적어(DO), 목적 보어(OC)로 쓰고, 괄호 안에 문장의 형식을 쓰세요.

1. She brings me water.
   S   V   IO   DO   (4형식)

2. You are my everything.
                          (   )

3. I heard him laugh.
                     (   )

4. The baby walks.
                (   )

5. Mom buys me a guitar.
                     (   )

6. I do my homework.
              (   )

7. I feel something move.
                   (   )

8. My brother has blue eyes.
                      (   )

9. She makes me a box.
                   (   )

10. She makes me a doctor.
                    (   )

해석 1. 그녀는 내게 물을 가져다 준다. 2. 너는 나의 전부이다. 3. 나는 그가 웃는 것을 들었다. 4. 그 아기는 걷는다. 5. 엄마는 내게 기타를 사 준다. 6. 나는 숙제를 한다. 7. 나는 뭔가가 움직이는 것을 느낀다. 8. 내 오빠는 파란 눈을 가지고 있다. 9. 그녀는 나에게 상자를 만들어 준다. 10. 그녀는 나를 의사로 만든다.

3 밑줄 친 구의 성질(품사)과 역할(문장 구성 요소)을 쓰세요.

1. He talks too slowly.
   부사구 (수식어구)

2. Badminton is my favorite sport.

3. Tommy sleeps well in his bed.

4. I walk around in the park.

5. My friend and I became teachers.

6. We have cute little pigs.

7. She gave you her pink dress.

8. I see the birds fly away.

9. My parents buy me and my sister pizza.

10. We heard the shocking news.

해석 1. 그는 아주 느리게 말한다. 2. 배드민턴은 내가 제일 좋아하는 운동이다. 3. 토미는 그의 침대에서 잘 잔다. 4. 나는 공원에서 돌아다닌다. 5. 내 친구와 나는 선생님이 되었다. 6. 우리는 귀여운 작은 돼지들을 가지고 있다. 7. 그녀는 너에게 그녀의 핑크 드레스를 줬다. 8. 나는 새들이 날아가 버리는 것을 본다. 9. 우리 부모님은 나와 내 여동생에게 피자를 사 준다. 10. 우리는 그 충격적인 소식을 들었다.

07 긍정·부정·긍정 의문·부정 의문 — "기다, 아니다, 기냐?, 아니냐?"

위 그림의 문장은 She is gorgeous.(그녀는 매력적이다.)뿐 아니라 나머지 문장도 모두 2형식이야. 문장의 형식을 더 공부하기 전에 이 네 가지 형식을 이해하고 넘어가자. 문법을 잘 활용하려면 문장을 그때 그때 필요에 따라 잘 전환시키는 능력이 필요해. 문장을 전환시킨다는 것은 긍정 평서문(무엇이 ~이다)을 부정 평서문(무엇은 ~이 아니다), 긍정 의문문(무엇이 ~이냐?), 부정 의문문(무엇은 ~가 아니냐?)으로 자연스럽게 바꾸는 것을 말해. 앞으로 우리는 이 책에서 문장을 이 4개의 형태로 자유롭게 전환할 수 있도록 열심히 연습 또 연습할 거야. 안 되면 될 때까지! 평서문은 말하는 사람이 자신의 생각을 설명하는 문장이야.

1분퀴즈

다음 문장에 알맞은 것과 연결하세요.
1. 그녀는 매력적이다. •
2. 그녀는 매력적이냐? •
3. 그녀는 매력적이지 않다. •
4. 그녀는 매력적이지 않냐? •

• 부정 평서문
• 긍정 의문문
• 긍정 평서문
• 부정 의문문

정답 1. 긍정 평서문 2. 긍정 의문문 3. 부정 평서문 4. 부정 의문문

46

긍정문·의문문·부정문을 자유자재로 넘나들기

사람이 남자와 여자로 나뉘는 것처럼 동사도 be동사와 일반동사로 나뉘어. 어느 동사가 들어 있느냐에 따라 문장을 바꾸는 방법이 달라져. 먼저 be동사부터 살펴보자.

"기다, 아니다, 기냐?, 아니냐?" 간단히 이렇게 기억해 둬. '긍정문, 부정문, 긍정 의문문, 부정 의문문' 이라는 말이 너무 복잡하다면!

■ be동사의 4CC(이다, 아니다, 이냐?, 아니냐?)

'You are gorgeous.'처럼 긍정의 뜻을 나타내는 문장을 '긍정문'이라고 하고 'Are you gorgeous?'처럼 묻는 문장을 '의문문'이라고 해. 그리고 'You are not gorgeous.'처럼 부정하면 부정문, 'Aren't you gorgeous?'처럼 물어보면 '부정 의문문'이 되는 거지. 4CC에서 CC는 Conversational Conversion의 약어로, '문장 바꾸기'라는 뜻이야.

4CC	긍정문	부정문
평서문	You are gorgeous. 너는 매력적이다.	You are not (aren't) gorgeous. 너는 매력적이지 않다.
의문문	Are you gorgeous? 너는 매력적이냐?	Aren't you gorgeous? 너는 매력적이지 않냐?

부정

· 부정문(~아니다)으로 바꾸기
be동사 뒤에 not을 붙인다.

I am not	
You are not	
He is not	
She is not	gorgeous.
It is not	
We are not	
They are not	

줄임말로 바꾸기 →

I'm not	
You ___1___	
He isn't (=is not)	
She ___2___	gorgeous.
It ___3___	
We ___4___	
They aren't (=are not)	

긍정문(~이다)

I am gorgeous.
You are gorgeous.
He is gorgeous.
She is gorgeous.
It is gorgeous.
We are gorgeous.
They are gorgeous.

긍정 의문

· 긍정 의문문(~이냐?)으로 바꾸기
주어와 be동사의 순서를 바꾼다.

Am I	
Are you	
Is he	
___5___	gorgeous?
___6___	
___7___	
Are they	

aren't는 are not의 축약형이지만, 의문문에서 am not 대신 쓰이기도 해.

부정 의문

· 부정 의문문(~아니냐?)으로 바꾸기
의문문의 be동사 뒤에 not을 붙인다.

Aren't I(=Am I not)	
Aren't you	
Isn't he	
___8___	gorgeous?
___9___	
Aren't we	
___10___	

부정 의문문에서는 보통 be동사와 not을 줄여 써.
Am not I = Aren't I
Are not you = Aren't you
Is not he = Isn't he
Are not they = Aren't they

■ 일반동사에서의 4CC(하다, 안 하다, 하냐?, 안 하냐?)

be동사는 방금 본 것처럼 '이다, 아니다'로 해석되지만 '움직임'을 나타내는 일반동사는 '하다, 안 하다'식으로 해석돼. 그리고 일하다(work), 사랑하다(love), 가다(go) 등의 일반동사가 나오는 문장에서는 문장의 4CC 전환이 be동사와는 다르니까 주의하도록!

4CC	긍정문	부정문
평서문	You work. 너는 일을 한다.	You don't work. 너는 일을 안 한다(하지 않는다).
의문문	Do you work? 너는 일을 하냐?	Don't you work?. 너는 일을 안 하냐?

 부정

· 부정문(~안 하다)으로 바꾸기
동사 앞에 don't(do not)나 doesn't(does not)를 쓴다.

I don't	
You ___1	
He doesn't	
She ___2	work.
It ___3	
We don't	
They ___4	

he, she, it 같은 3인칭(나, 너가 아닌 단수)에서는 don't 대신 doesn't를 써. don't나 doesn't 뒤에는 works가 아닌 동사원형 work를 쓴다는 것도 절대 잊으면 안 돼!

긍정문(~하다)
I work.
You work.
He works.
She works.
It works.
We work.
They work.

 긍정 의문

· 긍정 의문문(~하냐?)으로 바꾸기
평서문 앞에 Do나 Does를 쓴다.
일반동사의 의문문: 「Do / Does + 주어 + 동사원형~?」

Do I ___5	
Does he ___6	work?
___7	
Do we ___8	

부정 의문

· 부정 의문문(~안 하냐?)으로 바꾸기
의문문의 do나 does 자리에 don't나 doesn't를 쓴다.
일반동사의 부정 의문문: 「don't / doesn't + 동사원형~」

Don't I ___9	
Doesn't he ___10	work?
___11	
Don't we ___12	

be동사와 마찬가지로 일반동사 부정문에서도 축약형을 많이 써.

다음 영어 문장을 표에 알맞게 바꾸세요(부정형은 줄임말로 쓰세요).

긍정 평서문 (기다)	부정 평서문 (아니다)	긍정 의문문 (기냐?)	부정 의문문 (아니냐?)
1. He is nice. 그는 착하다.	He isn't nice. 그는 안 착하다.	Is nice? 그는 착하니?	Isn't nice? 그는 안 착하니?
2. He works. 그는 일한다.	He doesn't work. 그는 일을 안 한다.	Does work? 그는 일하니?	Doesn't work? 그는 일 안 하니?
3. I am a singer. 나는 가수다.	I 나는 가수가 아니다.	Am 나는 가수니?	 나는 가수가 아니니?
4. It sleeps. 그것은 잔다.	It 그것은 안 잔다.	 그것은 자니?	 그것은 안 자니?
5. We go to work. 우리는 직장에 간다.	We 우리는 직장에 안 간다.	 우리는 직장에 가니?	 우리는 직장에 안 가니?
6. She loves coke. 그녀는 콜라를 정말 좋아한다.	She 그녀는 콜라를 정말 안 좋아한다.	 그녀는 콜라를 정말 좋아하니?	 그녀는 콜라를 정말 안 좋아하니?
7. Paul is free. 폴은 자유롭다.	Paul 폴은 자유롭지 않다.	 폴은 자유롭니?	 폴은 자유롭지 않니?
8. I know you. 나는 너를 안다.	I 나는 너를 모른다.	 나는 너를 아니?	 나는 너를 모르니?
9. They like chicken. 그들은 치킨을 좋아한다.	They 그들은 치킨을 안 좋아한다.	 그들은 치킨을 좋아하니?	 그들은 치킨을 안 좋아하니?
10. You walk fast. 너는 빨리 걷는다.	You 너는 빨리 안 걷는다.	 너는 빨리 걷니?	 너는 빨리 안 걷니?
11. I want water. 나는 물을 원한다.	I 나는 물을 원하지 않는다.	 나는 물을 원하니?	 나는 물을 원하지 않니?
12. Sam is a cook. 샘은 요리사다.	Sam 샘은 요리사가 아니다.	 샘은 요리사니?	 샘은 요리사가 아니니?
13. We speak English. 우리는 영어로 말한다.	We 우리는 영어로 말하지 않는다.	 우리는 영어로 말하니?	 우리는 영어로 말하지 않니?
14. You are smart. 너는 똑똑하다.	You 너는 똑똑하지 않다.	 너는 똑똑하니?	 너는 똑똑하지 않니?
15. It is my job. 그것은 내 일이다.	It 그것은 내 일이 아니다.	 그것은 내 일이니?	 그것은 내 일이 아니니?

 소화제 투입

be동사나 일반동사의 의문문은 Yes나 No로 답할 수 있다!

Is he nice?	- Yes, he is.	/ No, he isn't.	그는 착하니?	- 응, 착해. / 아니, 안 착해.
Isn't he nice?	- Yes, he is.	/ No, he isn't.	그는 안 착하니?	- 응, 착해. / 아니, 안 착해.
Does he work?	- Yes, he does.	/ No, he doesn't.	그는 일하니?	- 응, 일해. / 아니, 일 안 해.
Doesn't he work?	- Yes, he does.	/ No, he doesn't.	그는 일 안 하니?	- 응, 일해. / 아니, 일 안 해.

부정 의문문의 대답

우리말로 "나 안 사랑해?"라고 물어보면 우리는 "아니, 사랑해"라고 대답하는데, 영어는 Yes 다음엔 무조건 긍정의 대답, No 다음엔 부정의 대답이 나와야 해. 그래서 "Don't you love me?"라고 물어보는데 헷갈려서 No라고 대답하면 사랑이 떠나가 버릴 수 있어. 영어는 사랑하면 무조건 "Yes, I do." 안 사랑하면 무조건 "No, I don't."라고 대답한다는 것! 꼭 기억하고 조심해야겠지?

 우리말을 보고 영어 문장을 완성하세요(단, 부정형은 줄임말로 쓰세요).

1. 너는 매력적이다(아주 멋져). ➡ _____ gorgeous.

2. 너는 멋지지 않다. ➡ You _____ gorgeous.

3. 너는 일한다. ➡ You _____.

4. 너는 일하지 않는다. ➡ You _____.

5. 너는 멋지니? ➡ _____ you _____?

6. 너는 일하니? ➡ _____ you _____?

7. 너는 멋지지 않니? ➡ _____ you _____?

8. 너는 일하지 않니? ➡ _____ you _____?

 그림으로 기억하기 괄호에 들어갈 말을 보기에서 찾아 쓰고 말풍선을 채우세요.

보기
긍정문
부정문
긍정 의문문
부정 의문문

08 완전 자동사 — 혼자서도 일 잘하는 1형식 회사의 능력자 영업부장

이제 본격적인 동사의 세계로 들어가 볼 거야. 동사는 크게 자동사와 타동사로 나뉘는데 자동사는 혼자서도 일 잘하는 영업부장이고, 타동사는 여친(목적어)이 꼭 필요한 영업부장이라고 했던 것 기억나지? 자동사와 타동사는 다시 완전, 불완전으로 나뉘는데 앞에서는 개념만 살짝 맛봤고, 앞으로는 동사의 종류에 대해 하나씩 자세히 살펴볼 거야. 자동사와 타동사를 넘나드는 박쥐 같은 동사도 있지만 그것은 차차 배우기로 하고, 이번 과에서는 가장 유능한 영업부장, 완전 자동사에 대해 알아보자!

 위 그림을 보고 설명에 알맞은 동사를 연결하세요.

1. 혼자서도 주어와 손잡고 문장이 된다. •   • 불완전 자동사
2. 완전하다 큰소리치지만 보어(비서)가 있어야 문장이 된다. •   • 완전 자동사
3. 꼭 목적어(여친)를 동반해야 한다. •   • 완전 타동사
4. 목적어(여친)를 둘이나 데리고 나온다. •   • 수여동사

정답 1. 완전 자동사 2. 불완전 자동사 3. 완전 타동사 4. 수여동사

51

완전 자동사 - 목적어와 보어 없이 혼자서도 잘해요!

완전 자동사는 1형식에만 나오는 동사야. 1형식의 술어인 완전 자동사가 나오면 나머지 구나 절은 모두 수식어들이야.

> 수식어는 문장의 필수 요소가 아니야. 그러니 수식어가 아무리 많이 붙어도 1형식에 영향을 주지 않아.
> He sleeps soundly in his bed.
> 주어　술어　수식어　수식어구

■ 완전 자동사가 활약한 1형식 문장들

'그는 잔다.'라는 기본형은 그대로 있고, 거기에 문장을 구체화시키는 부사(구)를 줄줄이 붙여 보자.

He sleeps. 그는 잔다.

He sleeps soundly. 그는 잘 잔다.
　'(잠이) 깊이(곤히)'라는 뜻이야.

He sleeps soundly in his bed. 그는 그의 침대에서 잘 잔다.
　명사인 bed가 문장에 붙어 있기 위해선 액세서리인 '전치사' in이 필요해.

He sleeps soundly in his bed at night. 그는 밤에 그의 침대에서 잘 잔다.

He sleeps soundly in his bed at night every day. 그는 매일 밤 그의 침대에서 잘 잔다.

in his bed(그의 침대에서), at night(밤에), every day(매일) 모두 동사 sleep를 꾸며 주는 부사구야. 길고 복잡해 보이지만, 기본적인 구조에 동사를 꾸며 주는 수식어구(부사구)만 갖다 붙인 거야. 아무리 봐도 목적어나 보어는 안 보이지? 그건 바로 동사의 자리에 그 이름도 유능한 '완전 자동사'가 버티고 있기 때문이야.

또 다른 예를 살펴보자.

> 3인칭 단수 현재일 때 동사에 s를 붙이는 공식은 다음과 같아.
> ① have → has
> ② be동사 → is
> ③ 일반동사 → 동사원형+(e)s

He runs. 그는 뛴다.

He runs in the park. 그는 공원에서 뛴다.

He runs in the park in the morning. 그는 아침에 공원에서 뛴다.

He runs in the park in the morning with his sister. 그는 아침에 공원에서 그의 누나와 뛴다.

He runs in the park in the morning with his sister every day. 그는 매일 아침에 공원에서 그의 누나와 뛴다.

역시 '그는 뛴다.'라는 기본 구조 옆에 많은 수식어들이 붙었는데 the park나 the morning 같은 명사를 문장에 연결해 줄 때는 in처럼 전치사가 꼭 필요해. 모두 동사 run을 꾸며 주는 부사구야.

■ 대표적 완전 자동사의 예

 문장의 형식이 보이면 해석도 빨리 되고 영작도 쉬워. 그러니 1형식 동사인 완전 자동사부터 외우자!

agree 동의하다	fall 넘어지다	rise 떠오르다
appear 나타나다	go 가다	sit 앉다
arrive 도착하다	happen (사건이) 일어나다	sleep 자다
collapse 무너지다	knock 두드리다	stand 서다
cost (돈, 노력, 에너지가) 든다	last 지속되다	stay 머무르다
die 죽다	laugh 웃다	swim 수영하다
disappear 사라지다	lie 눕다, 거짓말하다	wait 기다리다
emerge 나타나다, 떠오르다	live 살다	vanish 사라지다
exist 존재하다	occur (사건이) 일어나다, 발생하다	

■ 완전 자동사를 읽고 뜻 쓰기

1형식에 나오는 완전 자동사 평생 기억하기 — 이야기를 만들어 외우자!

어느 사무실, 일 잘하는 영업부장이 복도에서 **뛰어오다**(run) **넘어졌어**(fall). 창피해서 얼른 **일어나**(rise) 문을 **두드렸지**(knock). 그런데 대답이 없길래 들어와 **서서**(stand) 보니 사장이 사무실에 **머무르며**(stay) **기다리다**(wait) **잠들었는데**(sleep) 침을 흘리는 거야. 영업부장은 그걸 보고 **웃다**(laugh)가 **사라졌지**(vanish). **나타났다**(appear) **사라진**(disappear) 거야.

agree	동의하다	appear		arrive	
collapse		cost		die	
disappear		emerge		exist	
fall		go		happen	
knock		last		laugh	
lie		live		sit	
occur		rise		stay	
sleep		stand		vanish	
swim		wait			

정답: 앞 페이지에서 확인하세요!

밑줄 친 동사가 영어에서 완전 자동사인지 불완전 자동사인지 쓰세요.

1. 옆집 개는 하루 종일 **짖는다**.　　➡ (완전 자동사)

2. 그는 변호사**이다**.　　➡ (　　　　　)

3. 걔는 12시에 **잔다**.　　➡ (　　　　　)

4. 유정이는 일찍 **도착했다**.　　➡ (　　　　　)

5. 어제 지진이 **일어났다(발생했다)**.　　➡ (　　　　　)

6. 보검이는 영화배우**이다**.　　➡ (　　　　　)

소화제 투입

1형식은 주어+동사
이때 나오는 동사는 완전 자동사.
2형식 주어+동사+보어
2형식에 나오는 동사는 불완전 자동사. 2형식은 사장을 도와 주는 비서가 꼭 필요하다고 했지? 주어를 보충해 주는 보어가 꼭 필요하다면 불완전 자동사야. 기억나지 않으면 다시 3과로 돌아가서 확인해 보자.

다음은 모두 1형식 문장입니다. 알맞은 동사를 고르세요.

1. He always (arrives, agrees) early.
    주어가 3인칭 단수이고 시제가 현재이면, 동사 뒤에 (e)s 붙인다는 거 알고 있지?

    그는 언제나 일찍 도착한다.

2. I (die, live) with my parents.

    나는 부모님과 함께 산다.

3. My uncle (waits, exists) for a bus.

    우리 삼촌은 버스를 기다린다.

4. Kathy (goes, emerges) to the kitchen.

    캐시는 부엌으로 간다.

5. The frogs (run, sit) high.

    그 개구리들은 높이 뛴다.

6. This sandwich (vanishes, costs) 1,000 won.

    이 샌드위치는 1,000원이다.

7. It (happens, appears) all the time.
    '언제나' 라는 뜻.

    그것은 언제나 발생한다.

8. It (lasts, occurs) for six days.

    그것은 6일 동안 계속된다.

9. She (lies, laughs) on the sofa.

    그녀는 소파에 눕는다.

10. I (fall, sleep) at 10 o' clock at night.

    나는 밤 10시에 잔다.

11. The sun (rises, collapses) in the east.
    '동쪽에서' 라는 뜻.

    태양은 동쪽에서 떠오른다.

12. My cat (knocks, swims) on the door of my room.

    내 고양이가 내 방문을 두드린다.

13. We (stand, stay) at the little hotel.

    우리는 그 작은 호텔에서 머무른다.

14. Mr. Brown (am, is) in the gym.
    be동사는 2형식 동사 아니냐고? '~있다' 로 해석되면 1형식이야. 아래 '소화제 투입' 을 읽고 소화하고 넘어가자.

    브라운 씨는 체육관에 있다.

15. There (is, are) a lot of people in the swimming pool.
    There 다음에 나오는 be 동사는 주어가 단수 명사이면 is, 복수 명사이면 are을 써.

    수영장에는 많은 사람들이 있다.

be동사가 1형식으로 쓰일 때: '~있다' 의 뜻
be동사가 '~이다' 의 뜻으로 해석되면 2형식이야. 예를 들어 He is a lawyer.(그는 변호사이다.)에서 '~이다' 로 해석되지? 그런데 위 14, 15번 문제의 예문들은 1형식이야. be동사가 '~있다' 의 뜻으로, 뒤에 장소나 시간을 나타내는 수식어가 오면 1형식으로 쓰인 거야. 그리고 There is~ 처럼 '~가 있다'의 의미인 'There + be동사 + 주어 ~'의 구문도 1형식이야. 여기서 There는 형식적인 주어로 아무런 의미가 없고, 진짜 주어는 be동사 뒤에 나오게 돼.
예) He is at the library. 그는 도서관에 있다. ('~있다' 의 뜻 → 1형식)
    There is a computer on the desk. 그 책상 위에 컴퓨터가 있다. ('~있다' 의 뜻 → 1형식)

1. 그는 잔다. ⟹ He _____ .

2. 그는 잘 잔다. ⟹ _____ soundly.

3. 그는 그의 침대에서 잘 잔다. ⟹ _____ his bed.

4. 그는 밤에 그의 침대에서 잘 잔다. ⟹ _____ at night.

5. 그는 매일 밤 그의 침대에서 잘 잔다.
⟹ _____ every day.

그림으로 기억하기 아래 해석을 보고 문장에 알맞은 완전 자동사를 쓰세요.

1. He _____ at the office early in the morning.　　　그는 아침에 사무실에 일찍 도착한다.

2. He _____ at a desk.　　　그는 책상에 앉는다.

3. He _____ back home at six o'clock.　　　그는 6시에 집으로 돌아간다.

4. He _____ with his dog in the park.　　　그는 자기 개와 함께 공원에서 뛴다.

5. He _____ every day.　　　그는 매일 수영한다.

6. He _____ at 12 o'clock every night.　　　매일 밤 12시에 잔다.

불완전 자동사는 비서(보어)의 도움 없이는 일을 못하는 영업부장이야. 할 수 있는 일이 대충 말로 하는 '보고' 정도지. 불완전 자동사는 대략 세 가지야. 첫 번째가 be동사(am, are, is) 즉, 무엇이 '어떠어떠하다'라는 상태를 말해. 두 번째가 '되다(become, get, grow, go, turn)' 종류의 동사로 무엇이 '어찌어찌 되다'라는 상태의 변화를 말해. 마지막으로 '느껴지다' 동사류인 (look, feel, taste, smell, sound, seem, appear)인데, 무엇이 '어떠어떠하게 느껴지다'라는 상태의 느낌을 나타내.

불완전 자동사는 어떤 상태만 보고하지 결정적인 동작을 나타내지는 않는데, 그 '어떠어떠하다'라는 부분을 꼭 보어로 채워야만 문장이 완성돼.

 '불완전 자동사'의 세 가지 종류입니다. 해당되는 단어를 쓰세요.

1. be동사: _____

2. '되다' 동사류: _____

3. '느껴지다' 동사류 : _____

정답 1. am, are, is 2. become, get, grow, go, turn 3. look, feel, taste, smell, sound, seem, appear

불완전 자동사 - 보어 없이는 불완전한 동사!

불완전 자동사는 2형식 문장에만 나오는 동사야. 그래서 불완전 자동사는 꼭 보어(비서)가 있어야 해. 이 불완전 자동사들은 크게 세 가지 의미로 묶을 수 있어.

2형식 동사! 불완전 자동사는 꼭 보어가 필요해!

I get tired. 나는 힘들다.

| 주어 대명사 | 술어 동사 | 보어 형용사 |

> • 불완전 자동사만 있으면 주어에 대한 설명이 부족해서 말을 하다 만 것처럼 답답해. 그래서 주어를 설명해 주는 말이 꼭 나와야 하는데 그게 바로 주격 보어야. 주격 보어는 명사, 형용사, 대명사가 될 수 있어.
> • 대명사가 보어인 경우
> Sam is he.(샘이 그 사람이다.)
> This is it.(바로 이거야.)

그럼 불완전 자동사를 이용해서 오늘의 주인공 샘을 소개해 볼게. 이 동사들을 문장 속에서 익혀 보자.

■ be동사 (상태): 상태를 나타내는 동사들

am, are, is(~이다)

Sam **is** OK. 샘은 괜찮다.

Sam **is** handsome. 샘은 잘생겼다. ← 샘의 상태를 be동사로 말하고 있어.

■ '되다' 동사류 (상태의 변화): 상태가 변해서 어떻게 되는 동사들

become, get, grow, go, turn(~하게 되다)
└ go는 완전 자동사로 '가다'라는 뜻도 있지만, 여기서는 불완전 자동사로 '~하게 되다'라는 의미.

Sam **becomes** a father. 샘은 아빠가 된다.

Sam **gets** tired. 샘은 피곤해진다.

Sam **grew** tired more and more. 샘은 점점 더 피곤해졌다.
└ grow 의 과거.

Sam **goes** mad. 샘은 미쳐 간다.

Sam's face **turns** red. 샘의 얼굴은 빨개진다.

> I am tired.하고 I get tired.는 어떻게 다를까? '나는 피곤해.'와 '나는 피곤해진다.'의 차이야.

■ '느껴지다' 동사류 (상태의 느낌): 상태가 어떻게 느껴지는 동사들

sound(~하게 들리다), smell(~한 냄새가 나다), taste(~한 맛이 나다), feel(~하게 느껴지다), look(~하게 보이다), appear(~인 것 같다), seem(~인 것 같다)

Sam **sounds** angry. (목소리를 들어 보니까) 샘이 화난 것처럼 들린다.

Sam **smells** tired. (입 냄새를 맡아 보니까) 샘에게 피곤한 냄새가 난다.

Sam **tastes** hungry. (샘을 핥아 보니까) 샘이 배고픈 것 같은 맛이 난다.

Sam **feels** sick. (샘을 만져 보니까) 샘은 아프다는 느낌이 든다.

Sam **looks** abnormal. (샘을 보니까) 샘이 비정상으로 보인다.
└ '비정상적인'이라는 뜻.

Sam **seems** ill. 샘이 아픈 것 같다.

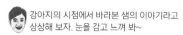

강아지의 시점에서 바라본 샘의 이야기라고 상상해 보자. 눈을 감고 느껴 봐~

Sam **appears** crazy. 샘이 미친 것 같다.
└ crazy와 mad는 둘 다 '미친'이라는 뜻이지만, crazy는 mad보다 조금 더 가볍게 쓰이고 어떤 때는 좋은 뜻으로도 사용돼. mad는 '맘이 상한, 화가 난'이라는 뜻으로도 써.

■ 대표적인 불완전 자동사 정리하기

불완전 자동사의 종류		예문
1. be동사 am, are, is(~이다) (상태)	Sam ____	OK. 샘은 괜찮다.
2. '되다' 동사류 become get grow go turn (상태의 변화)	Sam ____ Sam ____ Sam ~~grew~~ Sam ____ Sam's face ____	a father. 샘은 아빠가 된다. tired. 샘은 피곤해진다. tired more and more. 샘은 점점 더 피곤해졌다. mad. 샘은 미쳐 간다 red. 샘의 얼굴은 빨개진다.
3. '느껴지다' 동사류 sound (~하게 들리다) smell (~한 냄새가 나다) taste (~한 맛이 나다) feel (~하게 느껴지다) look (~하게 보이다) seem (~인 것 같다) appear (~인 것 같다) (상태의 느낌)	Sam ____ Sam ____ Sam ____ Sam ____ Sam ____ Sam ____ Sam ____	angry. 샘이 화난 것처럼 들린다. tired. 샘에게 피곤한 냄새가 난다. hungry. 샘이 배고픈 것 같은 맛이 난다. sick. 샘은 아프다는 느낌이 든다. abnormal. 샘이 비정상적으로 보인다. ill. 샘이 아픈 것 같다. crazy. 샘이 미친 것 같다.

정답 1. is 2. becomes, gets, grew, goes, turns 3. sounds, smells, tastes, feels, looks, feels, seems, appears

우리말로 시작하기 | 우리말에서 밑줄 친 동사가 '상태', '상태의 변화', '상태의 느낌' 중 무엇을 나타내는지 ○표 하세요.

1. 우리 학교는 남녀공학**이다**. (상태 / 상태의 변화 / 상태의 느낌)

2. 학교 건물은 **점점 커진다**. (상태 / 상태의 변화 / 상태의 느낌)

3. 학생 수는 **점점 줄어든다**. (상태 / 상태의 변화 / 상태의 느낌)

4. 선생님들의 상태는 **정상으로 보인다**. (상태 / 상태의 변화 / 상태의 느낌)

5. 학생 식당의 음식이 **맛있게 느껴진다**. (상태 / 상태의 변화 / 상태의 느낌)

6. 남학생들은 다 **못생겼다**. (상태 / 상태의 변화 / 상태의 느낌)

소화제 투입

상태: 무엇이 '어떠어떠하다'
 → be 동사: am, are, is
 상태의 변화: 무엇이 '어찌어찌 되다'
 → grow, become, get, go, turn
 상태의 느낌: 무엇이 '어떠어떠하게 느껴지다'
 → look, sound, smell, taste, feel, seem, appear

1 다음 우리말을 보고 알맞은 동사를 쓰고 문장 성분을 쓰세요.

소화제 투입

'되다' 동사류
become 어떤 상태가 되다
get 없던 것(상태)이 생겨나다(~해지다)
grow 어떤 상태가 점점 자라나다
go 어떤 상태로 가고 있다
turn 어떤 상태로 변해 가다

1. The boy   seems   happy.
   S   V   C

   그 소년은 행복한 것 같다.

2. Sam _____ my brother.
   S   (   )   C

   샘은 나의 형이다.

3. He _____ a scentist.
   S   V   (   )

   그는 과학자가 됐다.

4. The tomatoes _____ red.
   S   V   (   )

   그 토마토들이 빨갛게 변한다.

5. We _____ young.
   (   )   V   C

   우리는 젊다.

6. She   goes _____.
   (   )   V   (   )

   그녀는 미쳐 간다.

7. My dad   gets _____.
   S   (   ) (   )

   우리 아빠는 피곤해진다.

8. The dogs _____ smart.
   (   )   (   )   (   )

   그 개들은 영리하다.

2 다음 2형식 문장의 괄호 안에 알맞은 것을 고르세요.

소화제 투입

형용사, 명사, 대명사 등은 보어가
될 수 있는데 부사는 보어가 될 수
없어. 그리고 감각을 나타내는 동
사들인 sound, smell, taste, feel,
look 뒤에는 형용사만 주격 보어
로 쓰이고, 부사는 주격 보어가 될
수 없어.
예) It smells bad. (O)
    It smells badly. (X)

1. I (feel, smell) good.

   나는 기분이 좋게 느껴진다.

2. Esther (looks, sounds) gorgeous.

   에스더는 멋져 보인다.

3. This cake (feels, tastes) sweet.

   이 케이크는 맛이 달콤하다.

4. The story (tastes, sounds) interesting.

   그 이야기는 재미있게 들린다.

5. She (appears, smells) crazy.

   그녀는 미친 것 같다.

6. My cat (grows, seems) sick.

   내 고양이는 아픈 것 같다.

7. Roses (smell, sound) good.

   장미들은 좋은 냄새가 난다.

8. You look (happily, happy)

   너는 행복해 보인다.

   └── '행복하게'라는 뜻의 부사.

1. 샘은 괜찮다. ➡ Sam ____ OK.

2. 샘은 아빠가 된다. ➡ Sam ____ a ____ .

3. 샘은 피곤해진다. ➡ ____ ____ tired.

4. 샘은 점점 더 피곤해졌다. ➡ ____ grew ____ more and more.

5. 샘은 미쳐 간다. ➡ Sam ____ mad.

6. 샘의 얼굴이 빨개진다. ➡ Sam's ____ red.

7. (샘의 목소리를 들어 보니까) 샘은 화난 것처럼 들린다. ➡ Sam ____ angry.

8. (샘의 입 냄새를 맡아 보니까) 샘에게 피곤한 냄새가 난다. ➡ Sam ____ .

9. (샘을 핥아 보니까) 샘이 배고픈 것 같은 맛이 난다. ➡ Sam ____ .

10. (샘을 만져 보니까) 샘은 아프다는 느낌이 든다. ➡ Sam ____ .

11. (샘을 보니까) 샘은 비정상적으로 보인다. ➡ Sam ____ abnormal.

12. 샘은 아픈 것 같다. ➡ Sam ____ ill.

13. 샘은 미친 것 같다. ➡ Sam appears ____ .

 그림으로 기억하기 아래 그림의 말풍선에 해당하는 동사를 넣으세요.

10 타동사 — 어딜 가나 여친과 함께하는 '완전한 로맨티시스트'

타동사는 타인(다른 사람)이 필요한 영업부장이야. 즉, 동작을 받을 '상대'가 꼭 필요하거든. 반드시 '~을(를) ~하다'로 해석되는 상대, 즉 목적어가 필요해. 마치 어딜 가나 여친(목적어)을 데리고 다니는 로맨티시스트 영업부장 같다고 했지? 타동사에는 타동사로만 쓰이는 것들(make, read, owe 등)도 있고, 때에 따라 자동사와 타동사의 영역을 넘나드는 박쥐 같은 녀석들(change, eat, open 등)도 있지. 하지만 헷갈릴 걱정은 안 해도 돼. 한 개의 문장 속에서 동사는 타동사와 자동사 중 단 하나의 역할만 하기 때문이야. 자, 이제 타동사를 자세히 공부해 보자.

 아래 그림을 보고 open이 타동사, 자동사 중 어떤 역할을 하는지 쓰세요.

1. He opens the door.
 S V O
 3형식
 (   )

2. The door opens.
 S   V
 1형식
 (   )

정답 1. 타동사 2. 자동사

61

완전 타동사 - 누가 뭐래도 목적어 하나는 꼭 있어야 해!

I   tell   the truth .   나는 진실을 말한다.

주어 대명사	술어 동사	목적어 명사구

3형식에서 나오는 완전 타동사는 그냥 '타동사'라고 많이 써.

나는 말한다. 뭘?
목적어가 없으면 말이 안 돼.

타동사는 문장 안에서 반드시 그 대상(목적어)을 가지는 동사를 말해. 동사 뒤에 따라 나오는 것들이 목적어인지 보어인지 구분이 어렵다면 해석했을 때 '~을(를)'이 붙는지 보면 돼.

■ 타동사가 들어간 문장들

존의 성공 스토리를 3형식 예문으로 보며, 타동사가 활약하는 모습을 살펴보자.

John **passes** the exam. 존은 시험을 통과한다(시험에 합격했다).

He **pays** the bill. 그는 청구서에 (돈을) 지불한다.

He **plays** golf. 그는 골프를 친다.

He **promises** success. 그는 성공을 약속한다.

He **reads** many books. 그는 많은 책을 읽는다.

He **sings** songs. 그는 노래를 부른다.

He **takes care of** his family. 그는 그의 식구들을 돌본다.
> '돌보다'라는 뜻으로, '타동사 + 명사 + 전치사'가 하나의 타동사구로 쓰여서 3형식 문장이 되었어.

He **teaches** law. 그는 법을 가르친다.

He **tells** the truth. 그는 진실을 말한다.

He **writes** books. 그는 책을 쓴다.

소화제 투입

> **필수 단어**
> bill 청구서 promise 약속하다
> success 성공 law 법 truth 진실

<타동사가 들어간 문장> 평생 기억하기 - 존의 이야기   한번 읽어 보면 영어 문장을 기억하게 될 거야.

존은 (변호사) 시험을 **통과한다**. (그래서 돈을 벌게 돼서) 그는 계산서에 돈을 **지불한다**. (예전에는 탁구를 쳤지만 지금은) 그는 골프를 **친다**. (자신만만해진) 그는 성공을 **약속한다**. (변호사인) 그는 많은 책을 **읽는다**. (스트레스가 많이 쌓이자 일과 후에 노래방에 가서) 그는 노래를 **부른다**. (능력이 생긴) 그는 그의 식구들을 **돌본다**. (경험과 학식이 많이 생겨서 대학에서) 그는 법을 **가르친다**. (훌륭한 교수로서 항상) 그는 진실을 **말한다**. (학생을 가르치면서 동시에) 그는 책을 **쓴다**.

■ 자동사와 타동사를 넘나드는 박쥐 동사

타동사 중에는 박쥐처럼 자동사로 사용되는 동사도 있어. 바로 sing이 그런 동사지.

BAT

I **sing** that song. 나는 그 노래를 부른다.

이런 경우 '그 노래를'로 해석되기 때문에 목적어라는 것을 알 수 있는데 이렇게 목적어가 있다는 것이 바로 sing이 '타동사'라는 것을 증명하지. 그런데 sing이 다른 용법으로 쓰이는 경우도 있어.

I always **sing** in the morning. 나는 아침에 항상 노래한다.

여기선 '어떤 노래(를) 부른다'가 아니라 '노래한다'는 뜻이기 때문에 목적어가 필요 없어. 따라서 이런 경우는 sing이 '자동사'로 쓰인 거야.

자동사	agree 동의하다	appear 나타나다, 떠오르다	_____1 도착하다	come 오다
	collapse 무너지다	die 죽다	disappear 사라지다	exist 존재하다
	fall 넘어지다	go 가다	happen (사건이) 일어나다	knock 두드리다
	laugh 웃다	lie 눕다 / 거짓말하다	last 지속되다	move 움직이다
	occur (사건이) 일어나다, 발생하다	rise 떠오르다	_____2 달리다	sit 앉다
	sleep 자다	stand 서다	stay 머무르다	swim 수영하다
	vanish 사라지다	wait 기다리다		
타동사	ask 묻다	bring 가져오다	_____3 사다	cost (돈, 노력 등을) 들게 하다
	find 찾다	finish 끝내다	get 받다, 얻다	have 갖다
	keep 지키다	know 알다	lay 눕히다	leave 남기다
	learn 배우다	like 좋아하다	love 사랑하다	make 만들다
	_____4 통과하다	_____5 지불하다	play (가지고) 놀다	_____6 약속하다
	read 읽다	sell 팔다	send 보내다	show 보이다
	take 가져가다	teach 가르치다	tell 말하다	write 쓰다
	offer 제안하다	owe (신세, 빚 등을) 지다	want 원하다	
자동사와 타동사 모두 가능한 박쥐 동사 🦇	begin(start) 시작되다, 시작하다	_____7 변하다, 변화시키다	close 닫히다, 닫다	cost ~이들다, ~을 들게 하다
	grow 자라다, 키우다, 기르다	improve 향상되다, 향상시키다	leave 떠나다, 남기다	sell 팔리다, 팔다
	sing 노래하다, ~을 부르다	_____8 열리다, 열다	turn 변하다, 변화시키다	wait 기다리다
	live (삶을) 살다			

정답 1. arrive 2. run 3. buy 4. pass 5. pay 6. promise 7. change 8. open

---

우리말로 시작하기 **밑줄 친 동사가 자동사인지 타동사인지 쓰세요.**

소화제 투입 💊

목적어(여친)가 없어도 문장이 완성되면 자동사!

1. 내 방문이 저절로 **열렸다**. ➡ (자동사)

2. 나는 더워서 창문을 **열었다**. ➡ (   )

3. 그녀는 동물들을 **돌본다**. ➡ (   )

4. 그는 추리소설을 **쓴다**. ➡ (   )

5. 우리 부모님은 시골에서 **사신다**. ➡ (   )

6. 그녀를 만난 후 나는 정말 많이 **변했다**. ➡ (   )

여기 나오는 문장은 모두 3형식이야.
주어 + 술어 + 목적어!

1. Alice passes the test. 앨리스는 시험을 통과한다.

2. I _____ the bill. 나는 청구서에 돈을 지불한다.

3. They _____ basketball. 그들은 농구를 한다.

4. My boyfriend _____ success. 내 남자친구는 성공을 약속한다.

5. The students _____ many books. 그 학생들은 많은 책을 읽는다.

6. He _____ Korean songs. 그는 한국 노래들을 부른다.

7. She _____ her children. 그녀는 그녀의 아이들을 돌본다.

8. Ringring _____ Chinese. 링링은 중국어를 가르친다.

9. Sam _____ the truth. 샘은 진실을 말한다.

1. I **open** the window. 나는 그 창문을 연다 . ⇒ 자동사, 타동사 (3형식)

    The window **opens**. 그 창문이 열린다. ⇒ 자동사, 타동사 (   )

2. He **lives** in China. 그는 중국에서 산다. ⇒ 자동사, 타동사 (1형식)

    He **lives** a happy life. 그는 행복한 삶을 산다. ⇒ 자동사, 타동사 (   )

3. The schedule **changes**. 일정은 변한다. ⇒ 자동사, 타동사 (   )

    We **change** the schedule. 우리는 일정을 바꾼다. ⇒ 자동사, 타동사 (   )

4. She **sings** many songs. 그녀는 많은 노래들을 부른다. ⇒ 자동사, 타동사 (   )

    She sometimes **sings** at night. 그녀는 가끔 밤에 노래한다. ⇒ 자동사, 타동사 (   )

5. Smartphones **sell** well. 스마트폰들이 잘 팔린다. ⇒ 자동사, 타동사 (   )

    They **sell** smartphones. 그들은 스마트폰을 판다. ⇒ 자동사, 타동사 (   )

6. The tree **grows** quickly. 나무는 빨리 자란다. ⇒ 자동사, 타동사 (   )

    My mom **grows** tomatoes. 우리 엄마는 토마토들을 기른다. ⇒ 자동사, 타동사 (   )

1. 존은 (변호사) 시험을 통과한다. ➡ John _____ the exam.

2. (그래서 돈을 벌게 돼서) 그는 계산서에 돈을 지불한다. ➡ He _____ the bill.

3. (예전에는 탁구를 쳤지만 지금) 그는 골프를 친다. ➡ He _____ the golf.

4. (자신만만해진) 그는 성공을 약속한다. ➡ He _____ success.

5. (변호사인) 그는 많은 책을 읽는다. ➡ He _____ many books.

6. (스트레스가 많이 쌓이자 일과 후에 노래방에 가서) 그는 노래를 부른다. ➡ He _____ songs.

7. (경험과 학식이 많이 생겨서 대학에서) 그는 법을 가르친다. ➡ He _____ law.

8. (능력이 생긴) 그는 그의 가족들을 돌본다. ➡ He _____ his family.

9. (훌륭한 교수로서 항상) 그는 진실을 말한다. ➡ He _____ the truth.

10. (학생을 가르치면서 동시에) 그는 책을 쓴다. ➡ He _____ books.

그림으로 기억하기 빈칸에 동사의 종류와 문장의 형식을 쓰세요.

1. 내가 그녀를 바꾸었다. ( )동사
I changed her. ( )형식

2. 난 많이 바뀌었다. ( )동사
I changed a lot. ( )형식

65

11 수여동사 1 – 목적어(여친)가 둘이나 있는 바람둥이

수여동사도 타동사의 한 종류라서 목적어가 꼭 필요해. 그런데 회사에 꼭 여친을 두 명이나 데려온 바람둥이 영업부장 생각나지? 4형식 문장에는 목적어가 두 개잖아. 4형식에 나오는 타동사를 수여동사라고 해.

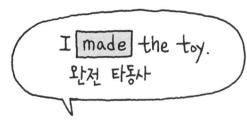

수여동사의 '수여'가 '모범생에게 상장을 수여함'이라고 할 때의 '수여'랑 같은 뜻이야. 그러니까 4형식은 '(누구)에게 무엇을 주다'라는 형식이야. 즉, 수여동사는 모두 '~해 주다'라는 뜻을 가지고 있어. '무엇을 준다'라고 할 때 '누구에게' 줬는지도 궁금하겠지? 그러니까 수여동사에는 두 개의 목적어가 꼭 필요해. 둘 중에 '~을(를)'로 해석되는 것이 '직접 목적어', '~에게(한테)'라고 해석되는 것이 '간접 목적어'야. 그래서 수여동사가 등장하는 4형식 문장은 S + V + IO + DO(아이오디오~)가 되는 거지.

괄호 안에 알맞은 문장 구성 요소를 쓰세요.

4형식	I	made	him		the toy.	
	주어	술어(수여동사)	(	) 목적어	(	) 목적어

수여동사 – 간접적이든 직접적이든 두 개의 목적어에게 다 줄 거야!

■ (완전) 타동사와 수여동사

같은 동사라도 목적어가 몇 개인지에 따라 (완전) 타동사가 되기도 하고 수여동사가 되기도 해. 문장이 '~을(를) ~하다'라고 해석되면 일반적인 (완전) 타동사이고, '~에게 ~을(를) 하다(해 주다)'라고 해석되면 수여동사야.

> 수여동사는 타동사의 한 종류지만, 영어 선생님들은 꼭 '수여동사'라고 불러.

I made the toy. 내가 그 장난감을 만들었다. ──────▶ (완전) 타동사 S+V+O (3형식)

I made him the toy. 내가 그에게 그 장난감을 만들어 주었다.──▶ 수여동사 S+V+IO+DO (4형식)

made는 (완전) 타동사랑 수여동사로 쓰일 때 각각 의미도 다르고 문장 형식도 다르지? 이렇게 타동사와 수여동사로 동시에 쓰이는 동사도 있고, 오직 수여동사로만 사용되는 동사도 있어.
몇 가지 예외가 있지만 일단 '~해 주다'로 해석되면 수여동사야.

■ 4형식 문장으로 수여동사 익히기

다음은 가장 많이 쓰는 중요한 수여동사들이니까 꼭 암기해야 해!

give 주다	I give **Tim** **my heart**.	나는 팀에게 내 마음을 준다.
lend 빌려주다	He lends **me** his cell phone.	그는 ( )¹ 그의 휴대폰을 빌려준다.
send 보내다	He sends **me** flowers.	그는 ( )² 꽃들을 보내 준다.
show 보여 주다	He shows **me** his notebook.	그는 나에게 그의 노트를 ( )³.
teach 가르치다	He teaches **me** math.	그는 나에게 수학을 ( )⁴.
tell 말하다	He tells me **his** secrets.	그는 나에게 그의 비밀을 ( )⁵.
write 쓰다	He writes **me** love letters.	그는 나에게 연애 편지를 ( )⁶.

'쓰다'로 해석해도 돼. 하지만 이 문장은 '써 준다'는 느낌이야.

pay (돈을) 내다	He pays **me** money.	그는 나에게 돈을 낸다(지불한다).
bring 가져오다	He brings **me** his dog.	그는 나에게 그의 개를 데려와 준다.
sell 팔다	He sells **me** the dog.	그는 나에게 그 개를 판다.
buy 사다	I buy **him** a cat.	나는 그에게 고양이를 ( )⁷.
do 하다	I do **him** a favor.	나는 ( )⁸ 혜택(도움)을 준다.

favor는 '친절, 부탁, 혜택'의 뜻

| ask 부탁(요청)하다 | I ask **him** a favor. | 나는 그에게 (도움)⁹을 요청한다. |
| find 찾다 | I find **him** a four-leaf clover. | 나는 그에게 네 잎 클로버를 ( )¹⁰. |

'네 잎 클로버'라는 뜻.

| get 가져다 주다 | I get **him** a cap. | 나는 그에게 모자를 가져다 준다. |

get은 '얻다'라는 뜻으로 자주 쓰이지만 4형식에 쓰일 때는 '가져다 주다, 사 주다'라는 의미가 돼.

| make 만들다 | I make **him** an origami crane. | 나는 그에게 종이학을 ( )¹¹. |
| cook 요리하다 | I cook **him** ramen. | 나는 그에게 라면을 ( )¹². |

정답 1. 나에게 준다 2. 나에게 준다 3. 보여 준다 4. 가르쳐 준다 5. 말해 준다 6. 써 준다 7. 사 준다 8. 그에게 9. 도움 10. 찾아 준다 11. 만들어 준다 12. 요리해 준다

■ 3·4형식에 같이 쓰이는 동사의 해석 비교하기

1. I teach math. 나는 수학을 가르친다. (3형식)

   I teach them math. 나는 (그들에게) 수학을 가르쳐 준다. (4형식)

2. I tell my secret. 나는 나의 비밀을 말한다. (3형식)

   I tell you my secret. 나는 (   ) 나의 비밀을 말해 준다. (4형식)

3. I write a letter. 나는 편지를 쓴다. (3형식)

   I write you a letter. 나는 (   ) 편지를 (   ). (4형식)

4. I buy the cat. 나는 그 고양이를 산다. (3형식)

   I buy you the cat. 나는 (   ) 그 고양이를 (   ). (4형식)

5. I find him. 나는 그를 찾는다. (3형식)

   I find him a four-leaf clover. 나는 (   ) 네 잎 클로버를 (   ). (4형식)

6. I make an origami crane. 나는 종이학을 만든다. (3형식)

   I make him an origami crane. 나는 (   ) 종이학을 (   ). (4형식)

7. I cook ramen. 나는 라면을 요리한다. (3형식)

   I cook him ramen. 나는 (   ) 라면을 (   ). (4형식)

정답 1. 그들에게 2. 너에게 3. 너에게, 써 준다 4. 너에게, 사 준다 5. 그에게, 찾아 준다 6. 그에게, 만들어 준다 7. 그에게, 요리해 준다

밑줄 친 동사가 (완전) 타동사인지 수여동사인지 ○표 하세요.

소화제 투입 💊

(완전) 타동사는 목적어가 하나로 '~을(를) ~하다'의 의미, 수여동사는 목적어가 두 개로 '~에게 ~을(를) ~ 해 주다'의 의미.

1. 언니는 나에게 구두를 **빌려준다**. (완전 타동사 / 수여동사)

2. 그는 춤을 **가르친다**. (완전 타동사 / 수여동사)

3. 그는 우리에게 춤을 **가르쳐 준다**. (완전 타동사 / 수여동사)

4. 우리는 고양이 한 마리를 **샀다**. (완전 타동사 / 수여동사)

5. 경찰관이 그녀에게 지갑을 **찾아 줬다**. (완전 타동사 / 수여동사)

6. 옆집 오빠가 나에게 연애 편지를 **써 줬다**. (완전 타동사 / 수여동사)

1 밑줄 친 단어의 문장 구성 요소를 약어로 쓴 다음, 괄호 안에 동사의 종류와 문장의 형식을 쓰세요.

보기 | 3형식일 때 완전 타동사, 목적어 O / 4형식일 때 수여동사, 간접 목적어 IO 직접 목적어 DO

1. He buys a ring.
   S   V   O
   (완전 타동사) (3형식)   그는 반지를 산다.

2. He sends me a card.
   S   V   ( ) ( )
   (   ) (   )   그는 나에게 카드를 보내 준다.

3. I do her a favor.
   S V ( ) ( )
   (   ) (   )   나는 그녀에게 도움을 준다.

4. They find me the money.
   S   V   ( ) (   )
   (   ) (   )   그들은 나에게 그 돈을 찾아 준다.

5. She tells the truth.
   S   V   (   )
   (   ) (   )   그녀는 진실을 말한다.

6. We bring our lunch.
   S   V   (   )
   (   ) (   )   우리는 우리의 점심을 가져온다.

7. He sells me his book.
   S   V ( ) (   )
   (   ) (   )   그는 나에게 그의 책을 판다.

8. I get you shoes.
   S V ( ) (   )
   (   ) (   )   나는 너에게 신발들을 가져다 준다.

9. She shows him her room.
   S   V   ( )   (   )
   (   ) (   )   그녀는 그에게 그녀의 방을 보여 준다.

10. He teaches music at school.
    S   V   (   )
    (   ) (   )   그는 학교에서 음악을 가르친다.

2 우리말에 맞게 주어진 단어로 4형식 문장을 완성하세요.

4형식: S + V + IO + DO

1. I, my pen, him, give. ➡ I give him my pen ___ . 나는 그에게 내 펜을 준다.

2. asks, He, a favor, me ➡ _____ . 그는 나에게 도움을 요청한다.

3. her, make, a toy, I ➡ _____ . 나는 그녀에게 장난감을 만들어 준다.

4. spaghetti, him, cook, I ➡ _____ . 나는 그에게 스파게티를 요리해 준다.

5. lends, John, me, his dog. ➡ _____ . 존은 나에게 그의 개를 빌려준다.

6. They, us, send, presents. ➡ _____ . 그들은 우리에게 선물들을 보내 준다.

7. $10, me, pays, He ➡ _____ . 그가 나에게 10달러를 지불한다.

1. 나는 팀에게 내 마음을 준다.　　➡　I _____ Tim my heart.

2. 그는 나에게 그의 휴대폰을 빌려준다.　➡　He _____ me his cell phone.

3. 그는 나에게 꽃들을 보내 준다.　　➡　He _____ me _____ .

4. 그는 나에게 그의 노트를 보여 준다.　➡　He _____ me his _____ .

5. 그는 나에게 수학을 가르쳐 준다.　　➡　He _____ me math.

6. 그는 나에게 그의 비밀을 말해 준다.　➡　He _____ me his _____ .

7. 그는 나에게 연애 편지를 써 준다.　　➡　He _____ love letters.

8. 그는 나에게 돈을 낸다.　　　　➡　He _____ me _____ .

9. 그는 그의 개를 나에게 데려와 준다.　➡　He _____ me his _____ .

10. 그는 그 개를 나에게 판다.　　　➡　He _____ the _____ .

그림으로 기억하기   괄호 안에 동사의 종류를 보기에서 찾아 쓰고 해석을 완성하세요.

보기 | (완전) 타동사, 완전 자동사, 수여동사

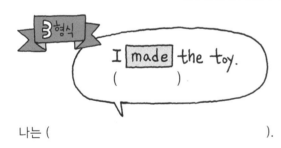

3형식

I made the toy.
( )

나는 ( ).

4형식

I made him the toy.
( )

나는 ( ).

12 수여동사 2 — 간접 목적어와 직접 목적어 중 강조하는 것을 앞으로!

우리말에서 '나는 그녀에게 꽃들을 준다.'와 '나는 꽃들을 그녀에게 준다.'는
다를 게 없지만, 영어는 4형식 문장 'S + V + IO(간목) + DO(직목)'에서
목적어 두 개의 위치를 바꾸면 문장의 형식이 달라져.

I give [her] flowers.

S　　V　　IO　　Do
(주어)(술어)(간접 목적어)(직접 목적어)

I give [flowers] to her.

S　　V　　O　　부사구
(주어)(술어)(목적어)(수식어구)

사람 마음이 그때그때 다르니까, '꽃들'을 더 강조하고 싶은 날도 있고 '너에게'를 더 강조하고 싶은 날도 있
겠지? 그건 마음대로 해도 되는데, 다만 영어 문장의 순서를 뒤집을 때는 꼭 지켜야 할 것이 있어. 목적어들
의 순서를 바꾸는 순간, 문장이 4형식에서 3형식으로 바뀌고, 동사도 수여동사가 아닌 일반 타동사로 바뀌게
돼. 그러면 뒤에 따라 나오는 말이 '액세서리'가 되어 전치사 to, for, of 중 하나가 꼭 필요해져.

괄호 안에 알맞은 말을 쓰고, 전치사를 고르세요.

I　give　her　　　　flowers. 4형식　➡　I　give　flowers　(to / for / of) her. (　형식)
주어　술어　(　　　) 목적어 (　　　) 목적어　　　주어　술어　(　　　)　수식어구(부사구)

4형식에서 3형식으로 바꿀 땐 액세서리가 필요해!

4형식 문형 'S + V + IO + DO'에서 IO(간접 목적어)와 DO(직접 목적어) 순서를 바꿀 때는, 꼭 중간에 전치사라는 '액세서리'를 꽂아야만 해.

4형식   I give her flowers. 나는 그녀에게 꽃들을 준다.
　　　　　 S V   IO   DO

3형식   I give flowers to her. 나는 꽃들을 그녀에게 준다.
　　　　　 S V   O   수식어구

> 예전에 난 당당한 문장 구성 요소였는데, 뒤로 가면서 이젠 있어도 되고 없어도 되는 알바생(수식어)이 되어 버렸어.

수식어를 만드는 액세서리의 종류는 to, for, of 3가지인데, 동사의 성질에 따라 결정돼. 여기서 반가운 소식 하나는 for와 of를 쓰는 몇 개의 동사를 제외하고는 거의 모든 수여동사들이 to를 쓴다는 거야.

■ 4형식을 3형식으로 바꿀 때 쓰는 전치사

목적어가 두 개인 4형식 문장은 전치사를 넣어 두 목적어의 순서를 바꿀 수 있어. 동사마다 쓰이는 전치사가 다르니까 꼭 암기해야 해.

1. to를 쓰는 수여동사: 대부분은 주는 방향을 나타내는 경우

give 주다 lend 빌려주다 send 보내 주다 show 보여 주다 teach 가르쳐 주다 tell 말해 주다
write 편지를 써 주다 pay 지불해 주다 bring 가져다 주다 sell (~에게 ~을) 팔다

- I give **her** flowers. ➡ I give flowers to **her**. 나는 그녀에게 꽃들을 준다.

> 대부분의 동사는 to를 쓴다고 생각하면 돼.

2. for를 쓰는 수여동사: 일반적으로 주는 '배려'가 돋보일 경우

buy 사 주다 do 해 주다 find 찾아 주다 get 가져다 주다 make 만들어 주다 cook 요리해 주다

> cook은 불을 사용하는 요리에 사용해.

- I buy **my dad** a wallet. ➡ I buy a wallet for **my dad**. 나는 아빠에게 지갑을 사 준다.

3. of를 쓰는 수여동사

ask (~에게 ~을) 요청하다

> ask of는 시험에도 자주 나오는 단골손님이야.

- I ask **him** a favor. ➡ I ask a favor of **him**. 나는 그에게 도움을 요청한다.

> 비슷한 뜻인 inquire(요청하다), beg(빌다)도 of를 써.

 5분퀴즈 11과에서 배운 4형식 문장을 3형식으로 바꿔 쓰세요.

1. I give Tim my heart.   ➡ I give my heart to _____ .   나는 내 마음을 팀에게 준다.
2. He pays me money.   ➡ He pays money to _____ .   그는 돈을 나에게 낸다
3. He brings me his dog.   ➡ He brings his dog _____ me.   그는 그의 개를 나에게 데려와 준다.
4. He sells me the dog.   ➡ He sells _____ to _____ .   그는 그 개를 나에게 판다.
5. I buy him a cat.   ➡ I buy _____ for him   나는 고양이를 그에게 사 준다.
6. I do him a favor.   ➡ I do a favor for _____ .   나는 혜택(도움)을 그에게 준다.
7. I find him a four-leaf clover. ➡ I find a four-leaf clover _____ him. 나는 네 잎 클로버를 그에게 찾아 준다.
8. I ask him a favor.   ➡ I ask a favor _____ him.   나는 도움을 그에게 요청한다.

정답 1. Tim 2. me 3. to 4. the dog, me 5. a cat 6. him 7. for 8. of

■ 4형식에서 3형식으로 바꿀 때 알맞은 전치사 쓰기

보기 | to, for, of

for를 쓰는 동사 평생 기억하기
남친이 있었지. 고양이도 사 주고 (buy), 요리도 해 주고(cook), 뭐든 다 해 주는(do) 남친이었어. 네 잎 클로버도 찾아 주고(find), 물도 가져다 주고(get) 종이학도 만들어 주던(make) 배려심 깊은 동사 남친을 위하여(for)!
ask of는 그냥 외우자!
버터 발음으로 해 봐. 에스커브~

1. I give my dress _____ her.
   나는 내 옷을 그녀에게 준다.

2. He lends his cell phone _____ me.
   그는 그의 휴대폰을 나에게 빌려준다.

3. I buy dinner _____ him.
   나는 저녁을 그에게 산다.

4. He shows his notebook _____ me.
   그는 그의 노트를 나에게 보여 준다.

5. He teaches math _____ me.
   그는 수학을 나에게 가르친다

6. They ask a favor _____ him.
   그들은 도움을 그에게 요청한다.

7. He tells his secrets _____ me.
   그는 그의 비밀을 나에게 말한다.

8. She cooks soup _____ him.
   그녀는 수프를 그에게 요리해 준다.

9. He writes love letters _____ me.
   그는 연애편지를 나에게 써 준다.

10. He sends flowers _____ me.
    그는 꽃들을 나에게 보내 준다.

정답 1. to 2. to 3. for 4. to 5. to 6. of 7. to 8. for 9. to 10. to

3형식으로 만들 때 for라는 액세서리가 필요한 동사들을 쓰세요.

b _____ , c _____ , d _____ , f _____ , g _____ , m _____

정답 buy, cook, do, find, get, make

밑줄 친 동사를 보고 3형식 문장으로 바꿀 때 쓰는 전치사를 고르세요.

소화제 투입
알고 보면 다 배려일 순 있지만, 직접적인 배려의 느낌이 드는 수여동사는 간접 목적어 앞에 for를 붙여. 그리고 ask(inquire, beg)는 of를 데리고 다니지.

1. 그는 나에게 사과 주스를 한 잔 **사 줬다**. (to, ⓕor, of)

2. 선생님은 우리에게 어마어마한 숙제를 **주셨다**. (to, for, of)

3. 중기는 나에게 천 개의 종이학을 **만들어 줬다**. (to, for, of)

4. 그는 나에게 중국 음식을 **요리해 줬다**. (to, for, of)

5. 수현이는 나에게 일기를 **보여 줬다**. (to, for, of)

6. 나는 그녀에게 도움을 **요청한다**. (to, for, of)

73

1. I give her my bag. ➡ I give my bag to her . 나는 내 가방을 그녀에게 준다.

2. I find him his glasses. ➡ I find . 나는 그의 안경을 그에게 찾아 준다.

3. We ask her a question. ➡ We . 우리는 질문을 그녀에게 한다.

4. I get her water. ➡ . 나는 물을 그녀에게 가져다 준다.

5. He shows me his pictures. ➡ . 그는 그의 사진들을 나에게 보여 준다.

6. He brings her lunch. ➡ . 그는 점심을 그녀에게 가져온다.

7. Mom buys me a watch. ➡ . 엄마가 시계를 나에게 사 준다.

8. Maria teaches children English. ➡ . 마리아는 영어를 어린이들에게 가르친다.

1. She cooks rice for them. ➡ She cooks them rice . 그녀는 그들에게 밥을 해 준다.

2. He pays $10 to me. ➡ He pays . 그는 나에게 10달러를 낸다.

3. We do a favor for them. ➡ We . 우리는 그들에게 도움을 준다.

4. Ben writes a card to his teacher. ➡ . 벤은 그의 선생님에게 카드를 써 준다.

5. She tells her story to me. ➡ . 그녀는 나에게 그녀의 이야기를 말해 준다.

6. I send an email to you. ➡ . 나는 너에게 이메일을 보낸다.

7. They sell hamburgers to us. ➡ . 그들은 우리에게 햄버거를 판다.

8. We lend our house to them. ➡ . 우리는 그들에게 우리 집을 빌려준다.

소화제 투입 💊

필수 단어	glasses 안경 question 질문 picture 사진 rice 쌀, 밥 email 이메일
중요 문법	3형식 | She cooks rice for them. ➡ 4형식 | She cooks them rice.
	S V O 수식어구 S V IO DO

1. 그는 돈을 나에게 내 준다. ➡ He _____ money _____ me.

2. 그는 그의 개를 나에게 데려온다. ➡ He _____ his dog _____ me.

3. 그는 그의 개를 나에게 판다. ➡ He _____ the dog _____ me.

4. 나는 그 고양이를 그에게 사 준다. ➡ I _____ a cat _____ him.

5. 나는 혜택(특별 대우)를 그에게 해 준다. ➡ I do a _____ him.

6. 나는 네 잎 클로버를 그에게 찾아 준다. ➡ I _____ a four-leaf clover _____ him.

7. 나는 모자를 그에게 가져다 준다. ➡ I get a cap _____.

8. 나는 종이학을 그에게 만들어 준다. ➡ I _____ an origami _____ him.

9. 나는 라면을 그에게 요리해 준다. ➡ I _____ ramen _____ him.

10. 나는 부탁을 그에게 한다. ➡ I ask a _____ him.

1. 4형식 He gives me flowers.

   3형식 He gives flowers _____ me.

2. 4형식 He does her a favor.

   3형식 He does _____ .

3. 4형식 He buys her nice dinner.

   3형식 He _____ .

4. 4형식 He sent her love letters.

   3형식 He _____ .

13 불완전 타동사 — 여친과 비서가 없으면 불안한 부장님!

5형식에는 2형식에 꼭 나오는 비서(보어), 3형식에 꼭 나오는 여친(목적어)이 모두 등장해. 그래서 5형식에 나오는 영업부장을 불완전 타동사라고 불러. 여친과 비서가 없이는 불완전한 남자거든.

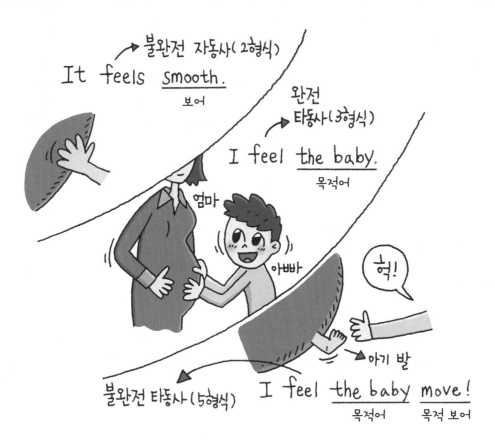

영어 나라에는 feel이란 영업부장(술어)이 있어. feel은 2형식 회사에서도 일하고 3형식 회사에서도 일하고 5형식 회사에서도 일해. 한 탤런트가 아침 드라마, 주말 드라마, 미니 시리즈에 겹치기 출연할 때 성격이 달라 보이는 것처럼, feel도 영어 문장 회사를 옮길 때마다 해석이 달라져. 예를 들어 feel은 2형식에서는 '~하게 느껴지다', 3형식에선 '~을 느끼다', 5형식 문장에서는 '~가 ~하는 것을 느끼다'로 해석돼. 이번에는 5형식을 중심으로 공부해 보자.

 feel 동사가 들어가는 세 문장을 살펴보고, 문장의 형식을 쓰세요.

It feels smooth.   (형식) 그것은 매끄럽게 느껴진다.
I feel the baby.   (형식) 나는 아기를 느낀다.
I feel the baby move.   (형식) 나는 아기가 움직이는 것을 느낀다.

기억나지?
2형식: S+V+C
3형식: S+V+O
5형식: S+V+O+OC

정답 2, 3, 5

76

불완전 타동사 - 목적어의 보어까지 따라오는 5형식 동사

> 5형식 영업부장의 여친(목적어)은 회사에 자기 비서(목적 보어)까지 데려와.

■ 5형식에서 쓰는 네 가지 동사 종류

불완전 타동사는 목적어와 그 목적어를 보충해 주는 보어(목적 보어)가 꼭 따라붙는 동사야. 5형식 문장을 만드는 불완전 타동사는 크게 네 가지가 있어. 왜 네 가지로 나누냐고? 동사의 종류에 따라 목적 보어가 될 수 있는 출신 집안(품사)이 달라지거든. 처음에는 좀 복잡하게 보이겠지만, 다음 과에도 또 나와. 예문을 많이 접하다 보면 결국 자연스럽게 깨닫게 될 테니까 걱정은 붙들어 맬 것!

1. 지각동사: feel, hear, smell, see, watch

'지각'이란 문법 용어는 한자어로 '감각을 안다'는 뜻으로, '누가(무엇이) ~하는 것을 느끼다'라는 의미야. 지각동사는 목적 보어로 동사원형이 와.

feel 느끼다	I feel the spaghetti come. (강아지 입장에서) 나는 스파게티가 오는 것을 느낀다.
	목적어 → ← 목적 보어
hear 듣다	I hear the spaghetti come. 나는 스파게티가 오는 것을 듣는다.
smell 냄새 맡다	I smell the spaghetti come. 나는 스파게티가 오는 냄새를 맡는다.
see (watch) 보다	I see the spaghetti come. 나는 스파게티가 오는 것을 본다.

2. 사역동사: let, help, have, make

사역동사는 '옛날 왕이 중국으로 가는 **사신**에게 **역할**을 맡기는 것'처럼 '누구에게 ~을 시키다'라는 뜻이야. 지각동사처럼 이 동사들도 목적 보어로 동사원형이 와. 이 동사원형을 원형 부정사라고도 불러. to가 없는데 to 부정사와 비슷하게 사용한다고 해서 붙인 이름이야.

let 시키다 (허락해 준다는 의미)	I let him study music. 나는 그가 음악 공부하는 것을 허락해 준다.
	목적어 → ← 목적 보어구
help 돕다	I help him study English. 나는 그가 영어 공부하는 것을 도와준다.
have 시키다 (직업적인 또는 부탁의 의미)	I have him study biology. 나는 그가 생물학을 공부하게 한다.
make 시키다 (강제적인 의미)	I make him study math. 나는 그가 수학을 공부하도록 (강제로) 시킨다.

3. 기타동사 (1): turn, make, call, find, keep, elect

이 동사들은 목적 보어로 명사나 형용사가 와.

turn 변하게 하다	It turns bread soft. 그것이 빵을 부드럽게 변하게 한다.
	목적어 → ← 목적 보어
make ~하게 하다(만들다)	He makes me happy. 그가 나를 행복하게 한다.
	He makes me a singer. 그는 나를 가수로 만든다.
call 부르다	They call him a star. 그들은 그를 스타라고 부른다.
find ~라고 여기다	They find it true. 그들은 그것을 사실로 여긴다.
keep 유지하다	They keep it a secret. 그들은 그것을 비밀로 유지한다.
elect 선출하다	They elect him president. 그들이 그를 회장으로 선출한다.

목적 보어로 쓰인 명사가 president나 chairman처럼 직위를 나타낼 때는 앞에 a(n) 같은 관사를 생략해.

> make는 5형식뿐 아니라 4형식에도 쓰여. make가 5형식에 쓰일 때는 목적어와 목적 보어가 같은 것을 말해(동격 관계). 하지만 4형식에 쓰일 때 간접 목적어와 직접 목적어는 동격 관계가 아니야.
> 5형식: He makes me a singer. (me = a singer)
> 4형식: He makes me a toy. (me ≠ a toy)

4. 기타 동사 (2): want, tell, ask, get, allow, encourage

목적 보어로 'to + 동사원형'이 와. 이때, 'to + 동사원형'을 'to부정사'라고 해. 예를 들어, study는 '공부하다'이지만, to study는 문장에 따라 '공부하는 것은, 공부하는 것, 공부하는 것을'로 해석이 돼. 'to부정사'야. 나중에 자세히 배우게 될 거야.

want 원하다	She wants me to study hard.	그녀는 내가 열심히 공부하기를 원한다.
		to study hard는 목적어 me를 보충 설명하는 목적 보어.
tell 말하다	She tells me to study hard.	그녀는 나에게 열심히 공부하라고 말한다.
ask 요구하다	She asks me to study hard.	그녀는 나에게 열심히 공부하라고 요구한다.
get 하게 하다	She gets me to study hard.	그녀는 나에게 열심히 공부하라고 시킨다.
allow 허락하다	She allows me to study hard.	그녀는 내가 열심히 공부하도록 허락한다.
encourage 격려하다	She encourages me to study hard.	그녀는 나에게 열심히 공부하라고 격려한다.

■ 불완전 타동사에 알맞은 목적 보어 정리하기

	불완전 타동사	목적 보어	예문
1. ( )동사	feel, hear, smell, see, watch	동사원형	I _____ the spaghetti come. 나는 스파게티가 오는 냄새를 맡는다.
2. 사역동사	let, help, have, make	( )	I have him _____ . 나는 그가 공부하게 한다.
3. 기타 동사 (1)	turn, make, call, find, elect	명사, ( )	He makes me _____ . 그는 나를 행복하게 한다.
4. 기타 동사 (2)	want, tell, ask, get, allow, encourage	to + ( )	She _____ me to study. 그녀는 내가 공부하도록 허락한다.

우리말로 시작하기 | 다음 문장을 영작할 경우, 알맞은 문장 형식을 고르세요.

1. 나는 스파게티를 만든다. (3형식, 4형식, 5형식)

2. 너는 내가 스파게티 만드는 것을 허락한다. (3형식, 4형식, 5형식)

3. 나는 너에게 스파게티를 만들어 준다. (3형식, 4형식, 5형식)

4. 너는 베이컨 스파게티를 좋아한다. (3형식, 4형식, 5형식)

5. 너는 내가 스파게티를 만들기를 원한다. (3형식, 4형식, 5형식)

6. 너는 내가 스파게티 만드는 것을 본다. (3형식, 4형식, 5형식)

소화제 투입
> 3형식: 누가 무엇을 ~한다
> 4형식: 누가 ~에게 무엇을 ~해 준다
> 5형식: 누가 ~이 ~하는 것을 ~한다

1 괄호 안에서 목적 보어로 알맞은 것을 골라 ◯표 하세요.

소화제 투입 💊

5형식에서 목적 보어로 명사, 형용사, 동사가 온다는 거 알지? 부사는 목적 보어로 쓰일 수 없어. 동사를 쓸 경우 보통 원형을 쓰지만 '요구'하는 의미를 가지는 want, ask, get 등은 'to+동사원형'을 목적 보어로 써.

1. I feel him (move, to move).　　　　나는 그가 움직이는 것을 느낀다.

2. They allow me (sing, to sing).　　　그들은 내가 노래 부르도록 허락한다.

3. He hears her (come, to come).　　　그는 그녀가 오는 것을 듣는다.

4. The news makes me (sad, sadly).　　그 소식이 나를 슬프게 만든다.

5. We let you (sing, to sing) loudly.　우리는 네가 큰 소리로 노래 부르도록 허락한다.

6. She wants him (work, to work) hard.　그녀는 그가 열심히 일하기 원한다.

7. The trainer sees her (run, to run) fast.　그 트레이너는 그녀가 빨리 뛰는 것을 본다.

8. Dad has me (study, to study) science.　아빠는 내가 과학을 공부하게 한다.
　　　└── 사역동사로 쓰일 때 have는 '시키다'의 뜻.

---

2 우리말에 맞게 주어진 단어로 5형식 문장을 완성하세요.　　　5형식: S+V+O+OC

1. helps, Mr. Jones, study biology, me　　　존스 선생님이 내가 생물학을 공부하게 도와준다.

　➡ Mr. Jones helps me study biology　　.

2. him, I, cook, smell　　　　　　　　　나는 그가 요리하는 냄새를 맡는다.

　➡ ＿＿＿＿＿＿＿＿＿＿＿＿＿＿　.

3. study Chinese, He, me, helps　　　　그는 내가 중국어 공부하는 것을 돕는다.

　➡ ＿＿＿＿＿＿＿＿＿＿＿＿＿＿　.

4. a genius, They, him, call　　　　　　그들은 그를 천재라고 부른다.

　➡ ＿＿＿＿＿＿＿＿＿＿＿＿＿＿　.

5. I, sing and dance, her, see　　　　　나는 그녀가 춤추고 노래하는 것을 본다.

　➡ ＿＿＿＿＿＿＿＿＿＿＿＿＿＿　.

6. a teacher, makes, me, She　　　　　그녀는 나를 선생님으로 만든다.

　➡ ＿＿＿＿＿＿＿＿＿＿＿＿＿＿　.

7. her, He, makes, do it　　　　　　　그는 그녀에게 그것을 하게 만든다.

　➡ ＿＿＿＿＿＿＿＿＿＿＿＿＿＿　.

8. My dog, me, makes, very happy　　　내 개는 나를 아주 행복하게 만든다.

　➡ ＿＿＿＿＿＿＿＿＿＿＿＿＿＿　.

소화제 투입 💊

불완전 타동사의 목적 보어로 쓰이는 동사원형
목적 보어라도 동사의 성질을 그대로 유지하고 있어서 run fast, work hard처럼 run과 work가 fast나 hard와 같은 부사의 수식도 받을 수 있고 do it처럼 목적어도 취할 수 있어.

 소화제 투입

대표적인 사역동사
let: 허락하는 것.
make: 강제로 시키는 것.
have: 허락도 강제도 아니고
가볍게 시키는 것.

1. 나는 그에게 음악을 공부하게 허락해 준다. ➡ I let him _____ music.

2. 나는 그가 영어 공부하는 것을 도와준다. ➡ I _____ him _____ English.

3. 나는 그가 생물학을 공부하게 한다. ➡ I have _____ biology.

4. 나는 그가 수학을 공부하도록 (강제로) 시킨다. ➡ I _____ him _____ math.

5. 나는 스파게티가 오는 것을 느낀다. ➡ I _____ the spaghetti _____.

6. 나는 스파게티가 오는 것을 듣는다. ➡ I _____ the spaghetti _____.

7. 나는 스파게티가 오는 냄새를 맡는다. ➡ I _____ the spaghetti _____.

8. 나는 스파게티가 오는 것을 본다. ➡ I _____ the spaghetti _____.

9. 나는 스파게티를 내려놓은 것을 지켜본다. ➡ I _____ the _____ put down.

 마지막 문장의 목적 보어 put down에서 put은 스파게티가 (사람에 의해) 내려 놓아지는 상태를 말하기 때문에 동사원형이 아니라
수동의 뜻을 담고 있는 '과거분사'야. put은 동사원형, 과거형, 과거분사형이 모두 같거든. 이 내용은 2권에서 자세히 배우게 될 거
니까 지금 이해가 안 돼도 걱정하지 마. 맛보기로 이런 게 있다는 것만 알고 지나가면 돼.

1. 그것은 매끄럽게 느껴진다. It _____ smooth. (형식)

2. 나는 아기를 느낀다. I _____ the baby. (형식)

3. 나는 아기가 움직이는 것을 느낀다. I feel the baby _____. (형식)

14 5형식 기타 동사(심화) — 미워도 다시 한번! 불완전 타동사

I let him go.
나는 그를 떠나 보낸다.
흥, 칫, 뺑

I see him suffer.
나는 그가 괴로워하는 걸 본다.
쯧쯧…
※ suffer : 괴로워하다

I find him pitiful.
나는 그를 가엽게 여긴다.
아잇, 참…
※ pitiful : 가여운

I tell him to come.
나는 그에게 오라고 말한다.

5형식 동사 중에서 사역(시키는)동사와 지각(느끼는)동사는 어느 정도 이해가 됐지? 그런데 '기타 동사'는 동사들끼리 공통점이 없어서 좀 정신이 없었을 거야. 그래서 이번 과에서는 기타 동사들을 사용한 문장을 더 많이 배워 볼 거야. 아무리 복잡하고 까다로운 문법도 응용과 반복으로 정복 못할 게 없거든. 문장을 이해하고 암기하는 가장 효과적인 방법은, 하나의 이야기로 엮어서 머릿속에 그림을 그려 가며 기억하는 거야. 이번 과에서도 그런 방법으로 공부해 보자. Are you ready?

알맞은 동사를 넣어 아래 문장을 완성하세요.

1. I _____ him go.
   나는 그를 떠나 보낸다.

2. I _____ him suffer.
   나는 그가 괴로워하는 것을 본다.

3. I _____ him pitiful.
   나는 그를 가엽게 여긴다.

4. I _____ him to come.
   나는 그에게 오라고 말한다.

5형식 기타 동사 – 목적어와 목적 보어의 관계를 알면 만사형통!

영어 문법은 이해해야 할 것과 무조건 암기해야 할 게 있어. 5형식 동사는 무조건 암기해야 해! 그런데 무작정 단어를 암기하려고 하면 지겹고 잘 외워지지 않아. 그럴 때는 이야기로 엮어 상상하면서 암기하면 효과 만점이야!

■ **기타 동사 (1):** keep, find, call, make, turn, elect의 목적 보어는 명사나 형용사

다음 동사들은 모두 명사나 형용사가 목적 보어로 왔어. 비밀을 간직한 소년의 스토리를 보며 이 동사들을 외워 보자.

명사구인 a secret이 목적어를 보충해 주는 목적 보어야.

1. I keep it a secret. 나는 그것을 비밀로 지킨다.
　　주어　동사　목적어　목적 보어

2. She finds it very interesting. 그녀는 그것을 아주 재미있게 여긴다.

3. She calls me 'Shy boy'. 그녀는 나를 수줍은 소년이라고 부른다.

4. It makes me angry. 그것은 나를 화나게 만든다.

5. It turns my face red. 그것은 내 얼굴을 빨갛게 변하게 한다.

6. They elected me president. 그들은 나를 회장으로 뽑았다.

〈목적 보어로 명사나 형용사가 오는 동사〉 평생 기억하기

동사원형으로 쓰세요.

여친을 사귀게 됐어요. 나는 그것을 비밀로 **지켜요** ^{1.} 그녀는 그것을 아주 재미있게 **여겨요** ^{2.} 그녀는 나를 '수줍은 소년'이라고 **불러요** ^{3.} 그런데 그것은 나를 화나게 **만들어요** ^{4.} 그리고 그것은 내 얼굴을 빨갛게 **변하게 해요** ^{5.} 사실 나는 수줍은 소년이 아니라 초절정 인기남이에요. 왜냐하면 사람들이 나를 회장으로 **뽑았거든요** ^{6.}

정답 1. keep 2. find 3. call 4. make 5. turn 6. elect

■ **기타 동사 (2):** want, tell, ask, get, allow, encourage의 목적 보어는 to부정사

다음 동사들은 모두 to부정사가 목적 보어로 왔어. 스토리를 생각하며 이 동사들을 외워 보자.

여기에서는 to부정사가 목적어인 나를(me)를 보충 설명하는 거야.

1. She wants me to top the class. 그녀는 내가 우리 반에서 1등하기를 원한다.
　　주어　　동사　　목적어　　목적 보어

2. She tells me to study hard. 그녀는 나에게 열심히 공부하라고 말한다.

3. She asks me to get up early. 그녀는 나에게 일찍 일어나도록 요구한다.

4. She gets me to go to bed early. 그녀는 나를 일찍 자게 한다(시킨다).

5. She allows me to watch TV. 그녀는 나에게 TV를 보도록 허락한다.

6. She encourages me to go to Harvard. 그녀는 나에게 하버드에 가라고 격려한다.

동사원형으로 쓰세요.

〈목적 보어로 to부정사가 오는 동사〉 평생 기억하기

우리 엄마는 완전 극성이에요. 그녀는 내가 우리 반에서 1등하기를 **원해요** _____. ¹. 그녀는 나에게 열심히 공부하라고 **말해요**
². 그녀는 나를 일찍 일어나도록 **요구해요** _____. ³. 그리고 당연히 그녀는 나를 일찍 **자게 해요** _____. ⁴. 그래도
다행인 건 그녀가 나에게 TV는 볼 수 있게 **허락해 줘요** _____. ⁵. 엄마에게 왜 이렇게 힘들게 살아야 하냐고 여쭤 보면 그녀는
나에게 하버드 대학에 가라며 **격려해요** _____. ⁶.

■ **기타 동사 want:** 「want + 목적어 + to be~」는 '~가 ~되기를 원하다' 라는 뜻으로, 'to be ~' 가 목적 보어

to be nice 역시 목적어를 꾸며 주지.

1. I **want** you to be nice. 나는 네가 예의 바르기를 원한다.
   주어 　동사 　목적어 　목적 보어

2. You want me to be honest. 너는 내가 정직하기를 원한다.

3. She wants him to be relaxed. 그녀는 그가 느긋하기를 원한다.

4. He wants her to be diligent. 그는 그녀가 성실하기를 원한다.

5. They want us to be smart. 그들은 우리가 똑똑하기를 원한다.

6. We want them to be healthy. 우리는 그들이 건강하기를 원한다.

■ **5형식을 이루는 불완전 타동사를 확인하고 빠진 철자 쓰기**

5형식 동사의 종류	뜻	5형식 동사들
1. 사역동사	~에게 ~을 시키다	let, help, h_____, m_____
2. 지각동사	~가 ~하는 것을 느끼다	see(w_____), ta_____, smell, f_____, hear
3. 기타 동사 (1)	~을 ~(으)로 ~ 하다	keep, f_____, make, turn, el_____
4. 기타 동사 (2)	~에게 ~하기를 ~ 하다	w_____, tell, a_____, get, allow, encou_____

다음 우리말을 5형식 문장으로 영작할 때 밑줄 친 부분에 알맞은 동사를 고르세요.

1. 나는 네가 날 좋아하기를 **원한다.** 　　(allow, ask, want)

2. 너는 그것을 이상하게 **여긴다.** 　　(find, keep, turn)

3. 너는 나를 바보라고 **부른다.** 　　(sing, call, cry)

4. 너는 내가 열심히 공부하기를 **요구한다.** 　(want, ask, tell)

5. 너는 내가 힘을 내도록 **격려한다.** 　　(encourage, get, make)

소화제 투입 💊

나는 그것을 이상하게 여긴다.
I find it strange.
S 　V 　O 　OC

우리말을 보고 주어진 단어를 이용해서 5형식 문장을 만드세요.

보기 | 5형식: 주어 + 동사 + 목적어 + 목적 보어
　　　　　　 S　 V　　 O　　 OC

1. 나는 그것을(it) 재미있게(interesting) 여긴다.
   I find it interesting
                                            .

2. 그녀는 그 편지를(the letter) 비밀(a secret)로 지킨다.
   She
                                            .

주어가 3인칭 단수, 현재일 때는 동사 뒤에 -e(s)붙이는 거 잊지 마! 3인칭 단수는 he, she, it 처럼 나, 너가 아닌 한 사람, 한 개를 가리키는 거야.

3. 그것이 그를(him) 건강하게(healthy) 만든다.
   It
                                            .

4. 그들은 나를(me) 선생님(a teacher)이라고 부른다.
   They
                                            .

5. 그것이 내 손을(my hands) 차갑게(cold) 변하게 한다.
   It
                                            .

'대통령' 이나 '시장' 같은 특정한 신분을 나타내는 명사가 보어로 쓰인 경우, 명사 앞에 관사는 생략해.

6. 우리는 그를(him) 사람(mayor)로 뽑는다.
   We
                                            .

7. 그녀는 내가(me) 예의 바르기를(to be nice) 원한다.
   She
                                            .

8. 나는 네가(you) 열심히 일하기를(to work hard) 원한다.
   I
                                            .

9. 그녀는 내가(me) 의사가 되도록(to be a doctor) 격려한다.
   She
                                            .

10. 아빠는 내가(me) 수학 공부하는 것을(study math) 도와준다.
    Dad
                                            .

11. 너는 나에게(me) 정직하라고(to be honest) 요구한다.
    You
                                            .

소화제 투입

5형식 기타 동사의 목적 보어
1. keep, find, call, make, turn, elect의 목적 보어로는 명사나 형용사가 와.
2. want, tell, ask, get, allow, encourage의 목적 보어로는 to부정사가 와.

12. 엄마는 내가(me) 게임을 하도록(to play games) 허락한다.
    My mother
                                            .

13. 나는 너를(you) 일찍 일어나게(to get up early) 한다.
    I
                                            .

14. 우리 부모님은 나에게(me) 똑똑한 소년이(to be a smart boy) 되라고 말한다.
    My parents
                                            .

1. 나는 그것을 비밀로 한다.   ➡ I _____ it a secret.

2. 그녀는 그것을 매우 재미있게 여긴다.   ➡ She _____ it very interesting.

3. 그녀는 나를 수줍은 소년이라 부른다.   ➡ _____ me 'Shy boy'.

4. 그것은 나를 화나게 만든다.   ➡ _____ angry.

5. 그것은 내 얼굴을 빨갛게 변하게 한다.   ➡ _____ my face red.

6. 그들은 나를 회장으로 뽑았다.   ➡ _____ elected _____ president.

7. 그녀는 내가 우리 반에서 1등 하기를 원한다.   ➡ She _____ top the class.

8. 그녀는 나에게 열심히 공부하라고 말한다.   ➡ _____ to study hard.

9. 그녀는 나에게 일찍 일어나라고 요청한다.   ➡ _____ get up early.

10. 그녀는 나를 일찍 자게 한다.   ➡ She gets _____ bed early.

11. 그녀는 내가 TV를 시청하게 허락한다.   ➡ _____ me _____ watch TV.

12. 그녀는 나에게 하버드를 가라고 용기를 준다.   ➡ She _____ to go to Harvard.

13. 나는 네가 예의 바르기를 원한다.   ➡ _____ to be nice.

14. 너는 내가 솔직하기를 원한다.   ➡ You _____ honest.

15. 그녀는 그가 느긋하기를 원한다.   ➡ _____ him _____ be relaxed.

16. 그는 그녀가 성실하기를 원한다.   ➡ He _____ her _____ diligent.

17. 그들은 우리가 똑똑하기를 원한다.   ➡ _____ us _____ smart.

18. 우리는 그들이 건강하기를 원한다.   ➡ _____ them to _____ healthy.

복습 07~14과

문장의 종류와 동사의 종류 총정리

빈칸을 채워
표를 완성하세요!

---

07 긍정·부정·긍정 의문·부정 의문 "기다, 아니다, 기냐?, 아니냐?"

부정형은 줄임말로 쓰세요.

긍정 평서문: 기다	부정 부정문: 아니다	긍정 의문문: 기냐?	부정 의문문: 아니냐?
You are gorgeous.	You aren't gorgeous.	Are you gorgeous?	Aren't you gorgeous?
He is gorgeous.	1	Is he gorgeous?	2
You work.	You don't work.	Do you work?	Don't you work?
She works.	3	Does she work?	4

You are gorgeous.는 2형식 문장이야. 문장의 평서문이 2형식이면 부정문, 의문문, 부정 의문문도 모두 2형식이지. 다시 말해, 평서문을 부정문, 의문문, 부정 의문문으로 바꾼다고 해서 문장의 형식이 바뀌지는 않는다는 거 잊지 마!

---

08 완전 자동사 혼자서도 일 잘하는 1형식 회사의 능력자 영업부장

1형식: S + V(완전 타동사) 아래 두 문장의 문장 성분을 소화가 잘 되게 분해해 보세요.

He sleeps soundly in his bed at night every day.
He runs in the park in the morning with his sister every day.

수식어구가 아무리 많이 붙어도 1형식!

주어	술어	수식어(구)
He	sleeps	soundly in his bed at night every day.
1	2	3

---

09 불완전 자동사 말로만 능력자인 영업부장의 세 가지 보고 내용

2형식: S + V(불완전 자동사) + C

be동사: 상태		'되다' 동사류: 상태의 변화		'느껴지다' 동사류: 상태의 ( )[1]	
am	~이다	become	~되다 / ~해지다	sound	~하게 들리다
are		get		smell	~한 냄새가 나다
is	2형식의 be동사는 '~이다'라는 의미.	grow	자동사 go는 '가다'라는 뜻이지만, 2형식에서 쓰는 불완전 자동사 go는 '~하게 되다'라는 의미.	2	~한 맛이 나다
		go		3	~하게 느껴지다
		turn		4	~하게 보이다
				5	~인 것 같다
				appear	~인 것 같다

---

10 타동사 어딜 가나 여친과 함께하는 '완전한 로맨티스트'

3형식: S + V(타동사) + O
타동사: pass, pay, play, promise, read, sing, take care of, teach, tell, write

존은 (변호사) 시험을 통과한다 _pass_ 1. 그래서 돈을 벌게 돼서 그는 계산서에 돈을 지불한다 2. 예전에는 탁구를 쳤지만 지금 그는 골프를 친다 3. 자신만만해진 그는 성공을 약속한다 4. 변호사인 그는 많은 책을 읽는다 5. 공부에 스트레스가 많이 쌓이자 일과 후에 노래방에 가서 그는 노래를 부른다 6. 능력이 생긴 그는 그의 식구들을 돌본다 7. 경험과 학식이 많이 생겨서 대학에서 그는 법을 가르친다 8. 훌륭한 교수로서 항상 그는 진실을 말한다 9. 학생을 가르치면서 동시에 그는 책을 쓴다 10.

11 수여동사 1   목적어(여친)가 둘이나 있는 바람둥이

4형식: S + V(수여동사) + IO + DO '~에게 ~을 준다'
수여동사: give, lend, send, show, teach, tell, write, pay, bring, sell, buy, do, ask, find, get, make, cook

I	[1] Tim my heart. (주다)	He	[6] me his secret. (말해 주다)
He	[2] me his cell phone. (빌려주다)	He	[7] me love letters. (써 주다)
He	[3] me flowers. (보내 주다)	He	[8] me money. (내 주다)
He	[4] me his notebook. (보여 주다)	He	[9] me his dog. (데려와 주다)
He	[5] me math. (가르쳐 주다)	He	[10] me the dog. (팔다)

12 수여동사 2   간접 목적어와 직접 목적어 중 강조하는 것을 앞으로!

4형식 문장을 3형식으로 바꾸기
① give, lend, send, show, teach, tell, write, pay, bring, sell + 직접 목적어 + to + 간접 목적어
② buy, do, find, get, make, cook + 직접 목적어 + for + 간접 목적어
③ ask + 직접 목적어 + of + 간접 목적어

He pays money [1] me.	I find a four-leaf clover [4] him.	
I cook ramen for him.	I get a cap [5] him.	
He sells the dog [2] me.	He brings his dog [6] me.	
I buy a cat [3] him.	I make an origami crane [7] him.	
I ask a favor of him.	I do a favor [8] him.	

13 불완전 타동사   여친과 비서가 없으면 불안한 부장님!

5형식: S + V(불완전 타동사) + O + OC
지각동사(feel, hear, smell, see, watch)와 사역동사(let, help, have, make)의 목적 보어는 동사원형

지각동사(누가 ~하는 것을 느끼다)		사역동사(누구에게 ~을 시키다)	
[1]	느끼다	[4]	허락하다
[2]	듣다	[5]	돕다
[3]	냄새 맡다	have	시키다
see, watch	보다	[6]	(강제로) 시키다

14 5형식 기타 동사(심화)   미워도 다시 한번! 불완전 타동사

5형식: S + V(불완전 타동사) + O + OC
기타 동사 1: keep, find, call, make, turn, elect(목적 보어는 명사, 형용사)
기타 동사 2: want, tell, ask, get, allow, encourage(목적 보어는 to + 동사원형)

기타동사 1: S + V + O + OC(명사, 형용사)		기타동사 2: S + V + O + OC(to + 동사원형)	
keep	유지하다	want	~가 ~하기를~ 원하다
[1]	~라고 여기다	[4]	~가 ~하라고 말하다
call	부르다	[5]	~가 ~하도록 요구하다
[2]	~하게 하다(만들다)	get	~가 ~하도록 시키다
turn	변하게 하다	allow	~가 ~하도록 허락하다
[3]	뽑다	[6]	~가 ~하도록 격려하다

1 밑줄 친 부분에 해당하는 문장의 구성 요소를 쓴 후, 괄호 안에 문장의 형식과 동사의 종류를 쓰세요.

보기 | 주어(S), 술어(V), 보어(C), 목적어(O), 간접 목적어(IO), 직접 목적어(DO), 목적 보어(OC)

1. Sam is my brother.
　　S　V　　C
　　　　　　　　　　　　　　(2형식)　　(불완전 자동사)

2. He does me a favor.
　　　　　　　　　　　　　　(　　)　　(　　　　)

3. I keep my promise.
　　　　　　　　　　　　　　(　　)　　(　　　　)

4. She teaches us French.
　　　　　　　　　　　　　　(　　)　　(　　　　)

5. Jane reads many books.
　　　　　　　　　　　　　　(　　)　　(　　　　)

6. Max goes mad.
　　　　　　　　　　　　　　(　　)　　(　　　　)

7. We hear her laugh.
　　　　　　　　　　　　　　(　　)　　(　　　　)

8. Your story sounds interesting.
　　　　　　　　　　　　　　(　　)　　(　　　　)

9. The cat grows bigger and bigger.
　　　　　　　　　　　　　　(　　)　　(　　　　)

10. She sleeps at 10 o'clock at night.
　　　　　　　　　　　　　　(　　)　　(　　　　)

11. He helps me study science.
　　　　　　　　　　　　　　(　　)　　(　　　　)

12. Dad buys me a new bicycle.
　　　　　　　　　　　　　　(　　)　　(　　　　)

13. Tim is in the park.
　　　　　　　　　　　　　　(　　)　　(　　　　)

14. They sing Korean songs very well.
　　　　　　　　　　　　　　(　　)　　(　　　　)

15. She allows me play soccer every day
　　　　　　　　　　　　　　(　　)　　(　　　　)

해석 1. 샘은 내 남동생이다. 2. 그는 나에게 혜택(도움)을 준다. 3. 나는 약속을 지킨다. 4. 그녀는 우리에게 불어를 가르친다. 5. 제인은 많은 책들을 읽는다. 6. 맥스는 미쳐 간다. 7. 우리는 그녀가 웃는 것을 듣는다. 8. 너의 이야기는 재미있게 들린다. 9. 그 고양이는 점점 더 커진다. 10. 그녀는 밤 10시에 잔다. 11. 그는 내가 과학을 공부하는 것을 돕는다. 12. 아빠는 나에게 새 자전거를 사 준다. 13. 팀은 공원에 있다. 14. 그들은 한국 노래를 아주 잘 부른다. 15. 그녀는 내가 매일 축구하는 것을 허락한다.

2 두 문장이 같은 뜻이 되도록 문장을 완성하세요.

1. I give him a birthday present.

   I give *a birthday present to him* .

2. He sells his computer to me.

   He sells *me his computer* .

3. We ask her questions.

   We ask _____ .

4. He lends me his shoes.

   He lends _____ .

5. She sends an email to her friend.

   She sends _____ .

6. I cook you tomato spaghetti.

   I cook _____ .

7. He pay a lot of money to them.

   He pays _____ .

8. My sister makes me tuna sandwich.

   My sister makes _____ .

9. Mom brings fried chicken to me.

   Mom brings _____ .

10. The policeman finds me my phone.

    The policeman finds _____ .

> 해석 1. 나는 그에게 생일 선물을 준다. 2. 그는 나에게 그의 컴퓨터를 판다. 3. 우리는 그녀에게 질문들을 한다. 4. 그는 나에게 그의 신발을 빌려준다. 5. 그녀는 그녀의 친구에게 이메일을 보낸다. 6. 나는 너에게 토마토 스파게티를 요리해 준다. 7. 그는 그들에게 많은 돈을 지불한다. 8. 내 여동생은 나에게 참치 샌드위치를 만들어 준다. 9. 엄마는 나에게 프라이드 치킨을 가져다 준다. 10. 그 경찰은 나에게 나의 전화기를 찾아 준다.

3 다음 빈칸에 알맞은 동사를 보기에서 골라 쓰세요(동사는 알맞은 형태로 바꾸세요).

보기 | make, find, see, turn, want, allow, elect, feel, ask, get

목적 보어로 동사원형을 쓰는 동사인지, 「to + 동사원형」을 쓰는 동사인지, 명사나 형용사를 쓰는 동사인지 구분해야 해!

1. He _____ it interesting.

   그는 그것을 재미있다고 여긴다.

2. It _____ his face red.

   그것은 그의 얼굴을 빨갛게 변하게 한다

3. You _____ me to be honest.

   너는 내가 정직하기를 원한다.

4. John _____ you play basketball.

   존은 네가 농구를 하는 것을 본다.

5. She _____ the window shake.

   그녀는 창문이 흔들리는 것을 느낀다.

6. We _____ him president.

   우리는 그를 회장으로 뽑는다.

7. I _____ her happy.

   나는 그녀를 행복하게 만든다.

8. He _____ his son to study English.

   그는 그의 아들이 영어를 공부하게 한다.

9. They _____ him to get up early.

   그들은 그에게 일찍 일어나도록 요구한다.

10. He _____ me to sing loudly.

    그는 내가 크게 노래 부르도록 허락한다.

athletic[æθlétik]은 '운동을 잘하는, 강건한, 운동 선수용의'라는 뜻의 형용사야.
I am athletic.은 I am gorgeous.와 같은 2형식(S+V+C)이야.

이제 be동사의 현재와 과거를 한꺼번에 정리해 보자. 헷갈릴 것 같다고? 예상과 달리 두 가지를 동시에 배우는 게 오히려 기억하는 데 더 효과적이야. be동사의 현재형은 am, are, is 세 가지이지만 과거형은 was와 were 두 가지뿐이야. 현재형이 '~이다'와 '~이(가) 있다'라는 뜻이니까, 과거형은 '~였다'와 '~이(가) 있었다'라고 해석하면 돼.

 다음 해석을 보고 문장의 현재와 과거에 알맞은 be동사를 보기에서 골라 쓰세요.

〈보기〉

현재(이다, 있다)	과거(였다, 있었다)
am, is	was
are	were

1. 나는 운동을 잘한다.　　I　　　　　athletic.
2. 나는 운동을 잘했다.　　I　　　　　athletic.
3. 너는 운동을 잘한다.　　You　　　　athletic.
4. 너는 운동을 잘했다.　　You　　　　athletic.

정답 1. am 2. was 3. are 4. were

90

am, are, is, was, were를 한꺼번에 부르면? - be동사

동사의 종류에는 크게 be동사와 일반동사가 있다는 거 알고 있지? 이번 과에서는 be동사에 대해 알아볼 거야.
be동사는 '~이다' 또는 '~이(가) 있다'의 뜻으로 주어의 상태나 신분 등을 나타내.

He is my brother. 그는 내 형제이다. ◄——— '~이다'로 해석될 때 2형식(주어+동사+보어)

> be동사가 들어가면 이 문장처럼 대부분 2형식이야.

He is here. 그는 여기에 있다. ◄——— '~이(가) 있다'로 해석될 때 1형식(주어+동사+수식어)

> here는 부사로, 수식어에 해당해.

그런데 be동사는 주어와 시제에 따라 모양이 달라진다는 거 알지? 한 번 더 확인해 보자.

■ be동사의 현재와 인칭 변화

현재형은 I am athletic.이지만 과거형은 I was athletic.이야. 주어가 복수가 되면 We are athletic.이 돼. 그리고 be는 동사원형이야. 동사원형을 쓰라고 하면 am, are, is 대신 be를 쓰면 돼.

주어	be동사 현재형	be동사 과거형	해석 보고 be동사 쓰기
I 나는	am	was	I am a player. 나는 선수이다. I ____¹ a player. 나는 선수였다.
You 너는	are	were	You are a player. 너는 선수이다. You ____² a player. 너는 선수였다.
He 그는 She 그녀는 It 그것은	is	was	He is a player. 그는 선수이다. She ____³ a player. 그녀는 선수였다. It ____⁴ cold today. 오늘은 춥다. It was cold yesterday. 어제는 추웠다
We 우리는 You 너희들은 They 그들은	are	were	We are players. 우리는 선수들이다. You are players. 너희들은 선수들이다. They ____⁵ players. 그들은 선수들이었다.

정답 1. was 2. were 3. were 4. is 5. were

■ 애매할 때 쓰는 주어 — It

> 1인칭, 2인칭할 때 '인칭'은 사람(人)을 부르는 호칭이란 뜻.

'시원하다'를 영어로 하면 뭘까? ~ is cool? 근데 주어는? 이렇게 주어를 쓰기 애매할 때 쓰는 게 It이야. It is cool. 처럼 우리가 자주 말하는 날씨, 시간, 계절, 요일 등을 표현할 때 주어로 It을 써. 매일 하는 말인데 그때마다 일일이 'The weather(날씨가) is ~', 'The time(시간이) is ~', 'The season(계절이) is ~', 'The day(요일이) is ~'라고 말하기 귀찮으니까 It을 써서 표현하는 거지. It을 비인칭 주어라고 불러.

> 날씨나 시간은 사람이 아니니까 아닐 비(非)를 써서 비인칭이라고 부르는 거야.

1. 겨울이다. It _____ winter.   2. 월요일이다. _____ Monday.

3. 지금 몇 시입니까? — 9시입니다. What time _____ now? — It's nine o'clock.

정답 1. is 2. It is 3. is it

91

■ be동사의 축약형

be동사는 주어랑 친하게 붙어 다니다 보니, 줄임말 형태인 축약형을 쓰는 경우가 많아.
am, are, is에서 앞글자만 '(어퍼스트로피)로 바꾸면 끝! 축약형은 꼭 암기해야 해!

완전 희소식!
과거형은 축약형이 없어!

| I am = I'm | you are = you're | he / she / it is = he's, she's, it's | we are = we're | they are = they're |

■ 우리말을 보고 빈칸에 알맞은 be동사 쓰기

She was a musician. 그녀는 뮤지션이었다.	I was a student 나는 학생이었다.
She _____¹ very sentimental. 그녀는 매우 감상적이었다.	I _____⁹ very curious. 나는 호기심이 아주 많았다.
She is a lawyer now. 그녀는 지금 변호사이다.	I _____¹⁰ a teacher now. 나는 이제 선생이다.
She _____² very rational. 그녀는 아주 합리적(이성적)이다.	I _____¹¹ very indifferent. 나는 매우 무관심하다.
He was a swimmer. 그는 수영 선수였다.	It was summer. 여름이었다.
He _____³ very healthy. 그는 아주 건강했다.	It _____¹² very hot. 아주 더웠다.
He _____⁴ an office worker now. 그는 이제 사무원이다.	It _____¹³ autumn now. 이젠 가을이다.
He _____⁵ very fat. 그는 아주 뚱뚱하다.	It _____¹⁴ very cool. 아주 시원하다.
They were together. 그들은 함께 있었다.	필수 단어 musician 뮤지션, 음악가 rational 이성적인, 합리적인 lawyer 변호사 sentimental 감상적인 healthy 건강한 office worker 사무원 fat 뚱뚱한 together 함께 close 가까운 apart 떨어져 있는 lonely 외로운 curious 호기심이 많은 indifferent 무관심한 autumn(= fall) 가을
They _____⁶ very close. 그들은 아주 가까웠다.	
They _____⁷ apart. 그들은 떨어져 있다.	
They _____⁸ lonely now. 이제 그들은 외롭다.	

정답 1. was 2. is 3. was 4. is 5. is 6. were 7. are 8. are 9. was 10. am 11. am 12. was 13. is 14. is

우리말로
시작하기

우리말을 보고 알맞은 것을 고르세요.

소화제 투입

be동사의 현재형과 과거형
• 현재형: am, are, is
  ~이다 / ~이(가) 있다
• 과거형: was, were
  ~이었다/ ~이(가) 있었다

1. 지금 12시이다.　　　　　　　　　　(현재, 과거)

2. 그녀는 예뻤다.　　　　　　　　　　(현재, 과거)

3. 와! 여름이다.　　　　　　　　　　　(현재, 과거)

4. 그들은 모두 합리적이었다.　　　　　(현재, 과거)

5. 그는 어제 그 시간에 학교 옥상에 있었다. (현재, 과거)

6. 공원 안에 공중 화장실이 있다.　　　(현재, 과거)

1. 나는 앨리스다. ➡ I _____ Alice. (2형식)

2. 그는 컴퓨터 프로그래머이다. ➡ He _____ a computer programmer. ( )

3. 그들은 매우 감성적이다. ➡ They _____ very sentimental. ( )

4. 그 도시에는 많은 공원들이 있다. ➡ There _____ a lot of parks in the city. ( )

5. 엄마는 지금 여기에 계신다. ➡ Mom _____ here right now. ( )

6. 그녀는 아주 이성적이다. ➡ She _____ very rational. ( )

7. 우리는 일 때문에 너무 바빴다. ➡ We _____ too busy with work. ( )

8. 나는 매우 무관심하다. ➡ I _____ very indifferent. ( )

9. 이 근처에 오락실이 하나 있었다. ➡ There _____ a game room around here. ( )

10. 2007년에 너는 아기였다. ➡ You _____ a baby in 2007. ( )

11. 날씨가 매우 덥다. ➡ It _____ very hot. ( )

12. 여름이었다. ➡ It _____ summer. ( )

13. 나는 그때 내 강아지와 집에 있었다. ➡ I _____ at home with my puppy at that time. ( )

액세서리 집안, 전치사로 연결된 구는 모두 수식어야.
문장의 필수 성분이 아니란 뜻이지.

14. 옛날에 우리나라에는 호랑이들이 있었다. ➡ There _____ tigers in our country long time ago. ( )

소화제 투입

필수 단어 **at that time** 그때 **busy with~** ~로 바쁜 **game room** 오락실 **puppy** 강아지 **long time ago** 오래 전에

'~가 있다'는 의미로 쓰이는 문장에는 어떤 것들이 있나요?
1. He is there. 그는 거기에 있다. there의 출신 집안은 부사, 그러므로 1형식(S + V + 수식어)이야.
2. There is a man. 남자가 한 사람 있다. 이 문장도 1형식이야. 여기에서 'There is~'는 '~가 있다'라는 뜻의 관용적인 표현인데 이때 there 는 '거기'라고 해석할 필요가 없는 유도 부사라고 해. 그리고 부사 there가 앞으로 나왔기 때문에 'There + 동사 + 주어'의 순서로 어순이 바뀌 는 점도 주의해야 해.

1. 그녀는 뮤지션이었다. ➡ She _____ a musician.

2. 그녀는 매우 감상적이었다. ➡ She _____ very sentimental.

3. 그녀는 이젠 변호사이다. ➡ She is a _____ now.

4. 그녀는 아주 합리적(이성적)이다. ➡ She is very _____.

5. 그는 수영 선수였다. ➡ He _____ a swimmer.

6. 그는 아주 건강했다. ➡ _____ very _____.

7. 그는 이제 사무원이다. ➡ He is an _____ now.

8. 그는 아주 뚱뚱하다. ➡ He is very _____.

9. 여름이었다. ➡ It _____ summer.

10. 아주 더웠다. ➡ _____ very hot.

11. 이젠 가을이다. ➡ It _____ now.

12. 아주 시원하다. ➡ _____ very cool.

13. 그들은 함께 있었다. ➡ They _____ together.

14. 그들은 아주 가까웠다. ➡ _____ very _____.

15. 그들은 떨어져 있다. ➡ They are _____.

16. 이제 그들은 외롭다. ➡ They _____ now.

17. 나는 학생이었다. ➡ I was a _____.

18. 나는 호기심이 아주 많았다. ➡ _____ very _____.

19. 나는 이제 선생이다. ➡ _____ now.

20. 나는 매우 무관심하다. ➡ _____ very _____.

부정관사 a, an
'막연한 하나(보통 해석 안함)' 라는 뜻을 가진 a, an은 명사 앞에만 붙이는데, 명사를 꾸며 주는 형용사의 한 종류야.
a book처럼 자음으로 시작하는 단어 앞에는 a, an apple처럼 모음으로 시작하는 단어 앞에는 an을 써.
a는 보통 [ə]라고 발음하지만 또박또박 말할 때는 [ei]라고도 발음해.

16 be동사의 긍정·부정·의문 — "그랬다, 안 그랬다, 그랬냐?"

우리는 앞에서 긍정문으로 be동사의 현재와 과거를 배웠어.
이번에는 be동사의 의문문과 부정문을 배워 보자.

'~이다 / ~이(가) 있다'라는 의미의 be동사가 과거형이 되면 '~였다 / ~이(가) 있었다'가 된다는 것을 배웠지? 그런데 실제로 대화를 하려면 이것만 갖고는 좀 부족해. 위의 그림처럼 어떤 사실을 확인하려면 의문문(~이냐? / ~이 있냐?), 부정문(~이 아니다 / ~이 없다), 부정 의문문(~이 아니냐? / ~이 없냐?) 같은 표현도 알아야 하거든. 그래서 전에 배웠던 4CC (Conversational Conversion)를 be동사에도 적용할 수 있어야 해. 재미있게 말하면 '기다, 아니다, 기냐?, 아니냐?'라고 할 수 있어. 이 네 가지 없이 의사소통은 불가능하지. 그런데 한꺼번에 너무 많이 먹으면 체하니까, 부정 의문문은 22과에서 설명할게.

우리말에 알맞게 문장을 완성하세요.

1. 그는 팔팔하냐?   ____ he energetic?   2. 그는 팔팔하지 않아. He ____ energetic.

3. 그는 팔팔했냐?   ____ he energetic?   4. 그는 팔팔했었지. He ____ energetic.

정답 1. Is 2. isn't 3. Was 4. was

긍정문·부정문·의문문 - "그랬다, 안 그랬다, 그랬냐?"

긍정문·부정문·의문문으로 바로바로 바꾸려면 우리말로도 빨리 바꿀 줄 알아야 해. 문장을 보면서 패턴을 확실히 익혀 두자. 우리말부터 헷갈린다면 앞 페이지의 그림을 기억해 봐!

■ be동사 현재의 의문문

평서문은 "무엇은 무엇이다."라는 사실을 있는 그대로 말하는 문장으로, 긍정문과 부정문이 있어. 평서문의 어순은 「주어 + 동사」야. 의문문은 "무엇이 어떠하냐?"라고 상대방이나 스스로에게 물어보는 문장을 말하는데, 어순은 「동사 + 주어~?」로 바뀌어.

의문문의 대답 : what, why 같은 의문사를 사용하지 않는 일반 의문문은 Yes나 No로 대답할 수 있어.

Are you energetic? - Yes, I am. / No, I'm not. 응, 그래. / 아니, 그렇지 않아.

Is he energetic?　　- Yes, he is. / No, he isn't. 응, 그래. / 아니, 그렇지 않아.

■ be동사 과거의 의문문

be동사의 과거 의문문은 현재 의문문과 어순은 똑같고 be동사의 과거인 was, were를 쓰면 돼.

'어떠했냐?'라고 과거의 사실에 대해 묻는 문장.

의문문의 대답 : be동사의 과거 의문문에 대한 대답은 was나 were를 써서 해야 해.

Was I energetic?　　- Yes, you were. / No, you weren't. 응, 그랬어. / 아니, 그렇지 않았어.

Was she energetic? - Yes, she was. / No, she wasn't. 응, 그랬어. / 아니, 그렇지 않았어.

■ be동사 현재의 부정문

부정문은 "무엇이 아니다."라고 어떤 사실을 부정하는 문장이야. be동사 뒤에 not만 붙이면 되는데, 회화체에선 거의 축약형을 쓰기 때문에 축약형의 발음 그대로 외워 둬야 해.

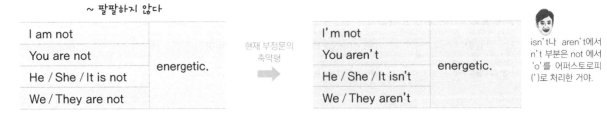

isn't나 aren't에서 n't 부분은 not 에서 'o'를 어퍼스토로피(')로 처리한 거야.

■ be동사 과거의 부정문

~ 팔팔하지 않았다

I was not		
You were not	energetic.	
He / She / It was not		
We / They were not		

과거 부정문의
축약형 →

I wasn't		
You weren't	energetic.	
He / She / It wasn't		
We / They weren't		

■ 우리말을 보고 빈칸에 주어와 시제에 맞는 be동사 쓰기 (부정문은 축약형으로 쓰세요.)

She ___¹ a musician. She ___² a painter. A: Was she a musician? B: Yes, she was. / No, she wasn't.	그녀는 뮤지션이었어. 그녀는 화가가 아니었어. A: 그녀는 뮤지션이었니? B: 응, 그랬어. / 아니, 그렇지 않았어.
She ___³ a musician. She ___⁴ a lawyer now. A: Is she a musician? B: Yes, she is. / No, she ___⁵ .	그녀는 뮤지션이 아니야. 그녀는 지금은 변호사야 A: 그녀는 뮤지션이니? B: 응, 그래. / 아니, 그렇지 않아.
I ___⁶ healthy. I ___⁷ weak. A: Were you healthy? B: Yes, I was. / No, ___⁸ .	나는 건강했어. 나는 약하지 않았어. A: 너는 건강했니? B: 응, 그랬어. / 아니, 그렇지 않았어
I'm not healthy. ___⁹ weak now. A: Are you healthy? B: Yes, I am. / No, ___¹⁰ .	난 건강하지 않아. 난 지금은 약해. A: 너는 건강하니? B: 응, 그래. / 아니, 그렇지 않아.

정답 1. was 2. wasn't 3. isn't 4. is 5. isn't 6. was 7. wasn't 8. I wasn't 9. I'm 10. I'm not

우리말에 해당하는 문장의 종류에 ○표 하세요.

	시제	긍정/부정	평서/의문
1. 저 아저씨가 너의 아버지니?	(현재, 과거)	(긍정, 부정)	(평서, 의문)
2. 이 책상은 아까 저기 있었다.	(현재, 과거)	(긍정, 부정)	(평서, 의문)
3. 너 어제 어디 있었니?	(현재, 과거)	(긍정, 부정)	(평서, 의문)
4. 약속이 3시가 아니니?	(현재, 과거)	(긍정, 부정)	(평서, 의문)
5. 저 걸그룹 예쁘지 않니?	(현재, 과거)	(긍정, 부정)	(평서, 의문)
6. 그는 이제 아프지 않다.	(현재, 과거)	(긍정, 부정)	(평서, 의문)

우리말을 보고 be동사를 이용해 영작하세요(부정문은 축약형으로 쓰세요).

1. I / a fool. 나는 바보가 아니었다. ➡ I wasn't a fool .

2. it / a UFO. 그것은 UFO였다. ➡ It _____ .

3. they / nurses. 그들은 간호사들이 아니다. ➡ They _____ .

4. he / funny. 그는 재미없다. ➡ _____ .

5. she / tall? 그녀는 크니? ➡ _____ ?

6. you / rude. 너는 무례하다. ➡ _____ .

7. your sister / at home? 너희 언니 집에 있니? ➡ _____ ?

8. it / cold today? 오늘 날씨가 춥니? ➡ _____ ?

9. all the movies / boring. 모든 영화들이 다 지루했다. ➡ _____ .

10. Tim and Jane / on vacation. 팀과 제인은 휴가 중이다. ➡ _____ .

다음 문장을 의문문으로 만들고 Yes와 No로 대답하세요.

> Yes나 No로 대답할 때 주어는 꼭 he, she, it, they 같은 대명사로 바꿔서 해야 해.
> Is Tom OK? - Yes, he is. / No, he isn't.

1. You are tired. ➡ Are you tired ? 너는 피곤하니?

   - Yes, I am . / No, I'm not . 응, 그래. / 아니, 그렇지 않아.

2. She was out last night. ➡ _____ ? 그녀는 지난밤에 외출했니?

   - Yes, _____ . / No, _____ . 응, 그랬어. / 아니, 그렇지 않았어.

3. Your dog is noisy. ➡ _____ ? 너희 개는 시끄럽니?

   - Yes, _____ . / No, _____ . 응, 그래. / 아니, 그렇지 않아.

4. The students were healthy. ➡ _____ ? 그 학생들은 건강했니?

   - Yes, _____ . / No, _____ . 응, 그그랬어. / 아니, 그렇지 않았어.

5. Your aunt is a famous painter. ➡ _____ ? 너희 이모는 유명한 화가니?

   - Yes, _____ . / No, _____ . 응, 그래. / 아니, 그렇지 않아.

소화제 투입

필수 단어 rude 무례한 boring 지루한 on vacation 휴가 중, 방학 중 noisy 시끄러운 aunt 이모, 고모 famous 유명한

1. 그녀는 뮤지션이었니?   ➡ _____ a musician?

2. 그녀는 뮤지션이었다.   ➡ _____ a musician.

3. 그녀는 화가가 아니었다.   ➡ _____ a painter.

4. 그녀는 뮤지션이니?   ➡ _____ a musician?

5. 그녀는 뮤지션이 아니다.   ➡ _____ a musician.

6. 그녀는 지금은 변호사다.   ➡ _____ a lawyer now.

7. 너는 건강했니?   ➡ _____ healthy?

8. 나는 건강했다.   ➡ _____ healthy.

9. 나는 약하지 않았다.   ➡ _____ weak.

10. 너는 건강하니?   ➡ _____ healthy?

11. 나는 건강하지 않다.   ➡ _____ healthy.

12. 나는 지금은 약하다.   ➡ _____ weak now.

 그림으로 기억하기   질문에 알맞은 대답을 현재형과 과거형으로 말풍선에 쓰세요.

17 일반동사의 과거 규칙 동사 — 지나간 일들을 말할 수 있다!

앞 과에서 말한 것처럼 동사는
크게 be동사와 일반동사가 있는데,
이제 일반동사의 과거에
대해 공부할 거야.

과거란 '밥 먹었다'처럼
과거에 이미 일어난 일을 말해.

My Story

I envied the star.
난 스타가 부러웠어요.

「자음 + y」로 끝나면
y를 빼고 -ied를 부착!

So I dropped out of school.
그래서 학교를 자퇴했어요.

결심했어!

d r o p
단모음 ↗ ↖ 단자음
단모음 + 단자음으로 끝나면
마지막 자음을 겹치고 -ed 부착

I challenged
난 도전했어요.

MS Audition

-e로 끝나면
-d 부착!

And I succeeded!
그리고 난 성공했어요!

MS Town
Concert!

※ 그외 모든 단어는 -ed를 부착하면 돼!

영어의 모든 동사는 원형, 과거형, 과거분사형의 세 가지 변화형이 있는데, 원형-과거형-과거분사형이 규칙적으로 변하는 규칙 동사와 제멋대로 변하는 불규칙 동사가 있어. 이번 과에서는 아주 쉬운 '규칙 동사'만 배울 거야. 규칙 동사는 동사를 과거로 바꿀 때 동사원형의 뒤에 '으드(ed)' 발음만 붙여 주면 돼. 예를 들어 aim(목표하다)의 과거형은 aimed, maintain(유지하다)의 과거형은 maintained가 되는 거지. 그런데 위 그림에서 본 것처럼 여기에 딱 세 가지 예외가 있어. 그게 살짝 까다로워서 잘 연습해 두지 않으면 평생 고생할 수 있으니까, 이번 기회에 규칙 동사의 변화를 확실하게 익혀 두자!

다음 동사를 과거형으로 바꾸세요.

1. envy 부러워하다	2. drop 떨어지다
3. challenge 도전하다	4. succeed 성공하다

일반동사의 과거 – 규칙적으로 변하는 동사는 쉬워!

규칙적으로 변하는 일반동사의 표를 완성하고, 이야기를 통해 과거형을 연습해 보자.

■ 대부분은 동사원형 + -ed: 대부분 동사원형에 -ed를 붙이면 돼.

design 디자인하다	[1] designed
scratch 흠집을 내다	[2] scratched
bow 절하다	[3] bowed
aim 목표로 하다	[4]
appoint 뽑다	[5]
accomplish 달성하다	[6]
maintain 유지하다	[7]
download 다운로드하다	[8]
mix 섞다	[9] mixed
avoid 피하다	[10]
succeed 성공하다	[11]

나는 머그 디자이너. 머그를 **디자인했어요** designed[1]. 어느 날 머그 콘테스트에 나갔는데 실수로 머그에 **흠집을 냈어요** [2]. 그래도 심사위원들이 통과시켜 줬어요. 나는 고마워서 **절을 꾸벅 했어요** [3]. 사실 나는 그 대회에서 우승을 **목표로 했었어요** [4]. 그런데 정말 그들이 나를 1등으로 **뽑았어요** [5]. 드디어 목표를 **달성했어요** [6]. 나는 그 다음 대회에서도 1등을 계속 **유지했어요** [7]. 왜냐하면 새로운 디자인 프로그램을 **다운로드했거든요** downloaded[8]. 그리고 인기 있는 디자인들을 **섞었어요** [9]. 하지만 오래된 디자인들은 **피했어요** [10]. 그래서 결국 나는 **성공했어요** [11].

정답 1. designed 2. scratched 3. bowed 4. aimed 5. appointed 6. accomplished 7. maintained 8. downloaded 9. mixed 10. avoided 11. succeeded

■ e로 끝나면 + -d: e가 이미 있으니까 그냥 –d만 붙이면 돼.

arrange 조정하다	[1] arranged
challenge 도전하다	[2] challenged
agree 동의하다	[3] agreed
declare 선언하다	[4]
change 변화시키다	[5]
prove 증명하다	[6]
dye 염색하다	[7] dyed
approve 인정하다	[8]
complete 끝마치다	[9]

격투기 선수로 데뷔했던 그 날이 생각나요. 첫 시합에서 웬일인지 협회 측에서 챔피언과 붙도록 경기를 **조정했어요** arranged[1]. 나는 겁이 났지만 **도전했어요** [2]. 그리고 경기 조건에 대해서도 **동의했지요** [3]. 한 술 더 떠서 챔피언을 KO시키겠다고 **선언했어요** [4]. 모두 어림도 없다고 하더라고요. 그 말이 날 **변화시켰어요** [5]. 그리고 경기에서 그것을 **증명했어요** [6]. 머리도 새로 **염색했어요** [7]. 결국 난 새 챔피언이 됐지요. 사람들도 날 **인정해 줬어요** [8]. 나는 도전을 성공리에 **마쳤어요** [9].

정답 1. arranged 2. challenged 3. agreed 4. declared 5. changed 6. proved 7. dyed 8. approved 9. completed

■ 「자음 + y」로 끝나는 동사: y를 빼고 –ied를 붙여.

cry 소리치다	[1] cried
envy 부러워하다	[2] envied
try 시도하다, 노력하다	[3] tried
apply 적용하다	[4]
classify 분류하다	[5]
carry 옮기다	[6]
fry 튀기다	[7] fried
satisfy 만족시키다	[8]
copy 복사하다	[9]

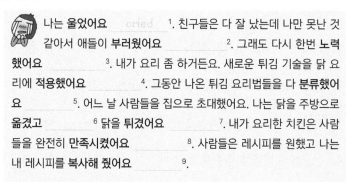

나는 **울었어요** cried[1]. 친구들은 다 잘 났는데 나만 못난 것 같아서 애들이 **부러웠어요** [2]. 그래도 다시 한번 **노력했어요** [3]. 내가 요리 좀 하거든요. 새로운 튀김 기술을 닭 요리에 **적용했어요** [4]. 그동안 나온 튀김 요리법들을 다 **분류했어요** [5]. 어느 날 사람들을 집으로 초대했어요. 나는 닭을 주방으로 **옮겼고** [6] 닭을 **튀겼어요** [7]. 내가 요리한 치킨은 사람들을 완전히 **만족시켰어요** [8]. 사람들은 레시피를 원했고 나는 내 레시피를 **복사해 줬어요** [9].

정답 1. cried 2. envied 3. tried 4. applied 5. classified 6. carried 7. fried 8. satisfied 9. copied

영어는 두 개 이상의 자음을 겹쳐 내는 것을 아주 싫어하는데, 그 이유는 발음하기가 힘들어서 짜증나거든. y는 발음상으로는 모음 같아 보이지만 자음 취급해. 반전이지? 그래서 앞에 자음이 나올 경우에 y를 모음인 i로 바꿔 버리는 거야.

■ 「모음 + y」로 끝나는 동사: 그냥 -ed만 붙이면 되니까 「자음 + y」로 끝나는 동사와 헷갈리지 마!

| play 놀다 | played |
| stay 머무르다 | stayed |

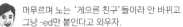 머무르며 노는 '게으른 친구'들이라 안 바뀌고
그냥 -ed만 붙인다고 외우자.

■ 「단모음 + 단자음」으로 끝나는 동사: 자음을 겹쳐 쓰고 -ed를 붙이면 돼.

jog 조깅하다	¹ jogged
grab 잡다	² grabbed
drop 떨어지다	³ dropped
wrap 싸다	4
rip 찢다	5
stop 멈추다	6
clap 손뼉치다	7 clapped
tap 가볍게 두드리다	8
hug 껴안다	9

 나는 조깅을 했어요 jogged ¹. 그런데 지나가던 남자가 갑자기 어떤 여자의 팔을 **붙잡았어요** ². 그녀는 들고 있던 전화기를 떨어뜨렸어요 ³. 그녀의 전화기가 박살나서 내가 손수건으로 깨진 전화기를 **쌌어요** ⁴. 그리고 그 남자를 쫓아가서 그의 셔츠를 잡아 **뜯었어요** ⁵. 그래서 그를 멈추게 했어요 ⁶. 지나가던 사람들이 내게 **박수를 쳤어요** ⁷. 어떤 사람들은 내 어깨를 두드려 줬어요 ⁸. 내가 손수건에 싼 전화기를 건네자 그녀는 날 **포옹했어요** ⁹.

정답 1. jogged 2. grabbed 3. dropped 4. wrapped 5. ripped 6. stopped 7. clapped 8. tapped 9. hugged

2음절어의 끝 음절에 강세가 있을 때도 자음을 겹쳐 쓴 다음 -(e)d를 붙여.
occur 발생하다 occurred / admit 시인하다 admitted / commit (범죄 등을)저지르다 committed

 규칙 동사의 과거형을 만드는 방법
1. 대부분 동사에 -ed를 붙인다. (design → design____)
2. e로 끝나는 동사는 -d만 붙인다. (agree → agree____)
3. 「자음 + y」로 끝나면 y를 빼고 -ied를 붙인다. (study → stud____)
4. 「모음 + y」로 끝나면 그대로 -ed를 붙인다. (play → play____)
5. 「단모음 + 단자음」끝나면 자음을 겹쳐 쓰고 -ed를 붙인다. (stop → stop____)

정답 1. ed 2. d 3. ied 4. ed 5. ped

 우리말로 시작하기 | **아래 문장의 시제를 과거로 바꾸세요.**

1. 언니는 구두를 디자인한다. ➡ 언니는 구두를 (디자인했다).

2. 태환이는 운동으로 몸무게를 유지한다. ➡ 태환이는 운동으로 몸무게를 ( ).

3. 나는 교내 웅변 대회에 도전한다. ➡ 나는 교내 웅변 대회에 ( ).

4. 친구들은 나에게 박수를 친다. ➡ 친구들은 나에게 박수를 ( ).

5. 부모님은 나를 안는다. ➡ 부모님은 나를 ( ).

우리말을 보고 동사를 알맞은 형태로 고쳐서 빈칸에 쓰세요.

1. design　　She designed shoes last year.　　　그녀는 작년에 구두를 디자인했다.

　　　　　　She designs bags now.　　　　　　그녀는 지금 가방을 디자인한다.

2. download　He _____ a movie.　　　　　　그는 영화를 다운받았다.

　　　　　　He always _____ movies.　　　　그는 언제나 영화들을 다운받는다.

3. drop　　　You _____ your phone again.　　너는 전화기를 또 떨어뜨렸다.

　　　　　　You often _____ your phone.　　너는 종종 전화기를 떨어뜨린다.

4. try　　　　We _____ Chinese food last night.　우리는 어젯밤 중국 음식을 먹어 봤다.

　　　　　　We _____ new food on Sunday.　우리는 일요일에 새 음식을 시식한다.

5. stay　　　He _____ home all day long.　　그는 하루 종일 집에 머물렀다.

　　　　　　He usually _____ home.　　　　그는 대개 집에 머무른다.

6. cry　　　　The baby _____ this morning.　　그 아기는 오늘 아침에 울었다.

　　　　　　The baby _____ every day.　　그 아기는 매일 운다.

7. agree　　I _____ with you before.　　　나는 전에 너의 의견에 동의했다.

　　　　　　I still _____ with you.　　　　나는 여전히 너의 의견에 동의한다.

8. occur　　The accident _____ in 1990.　　그 사고는 1990년에 일어났다.

　　　　　　Many accidents _____ every minute.　많은 사고가 매 순간 일어난다.

9. succeed　You _____ in the examination.　너는 시험에 성공(합격)했다.

　　　　　　You always _____ in everything.　너는 언제나 모든 일에 성공한다.

10. dye　　　She _____ her hair last month.　그녀는 지난 달에 머리를 염색했다.

　　　　　　She _____ her hair once a month.　그녀는 한 달에 한 번 머리를 염색한다.

11. bow　　　I _____ to my grandmother yesterday.　나는 어제 할머니께 절을 했다.

　　　　　　I _____ to my grandmother.　　나는 할머니께 절을 한다.

12. challenge　I _____ the champion.　　　　나는 챔피언에게 도전했다.

　　　　　　I _____ myself every match.　　나는 매 경기마다 나에게 도전한다.

13. complete　He finally _____ his work.　　그는 마침내 그의 일을 완료했다.

　　　　　　He _____ his work very fast.　　그는 그의 일을 아주 빨리 완료한다.

14. maintain　Dad _____ his good health until then.　아빠는 그때까지 건강을 잘 유지했다.

　　　　　　Dad usually _____ his good health.　아빠는 보통 건강을 잘 유지한다.

15. satisfy　Your ramen _____ me this time.　너의 라면이 이번에는 나를 만족시켰다.

　　　　　　Your ramen _____ me all the time.　너의 라면은 언제나 나를 만족시킨다.

소화제 투입

필수 단어　all day long 하루 종일　still 여전히　agree with ~에 동의하다　every minute 매 순간　examination 시험
once a month 한 달에 한 번　match 경기　usuall 대개　all the time 언제나

1. 디자인했다(design) _____

2. 긁었다(scratch) _____

3. 절했다(bow) _____

4. 목표로 했다, 겨눴다(aim) _____

5. 지목(지명)했다(appoint) _____

6. 달성했다(accomplish) _____

7. 유지했다(maintain) _____

8. 다운로드했다(download) _____

9. 섞었다(mix) _____

10. 피했다(avoid) _____

11. 성공했다(succeed) _____

12. 조절(조정)했다(arrange) _____

13. 도전했다(challenge) _____

14. 동의했다(agree) _____

15. 선포했다(declare) _____

16. 바꿨다(change) _____

17. 증명했다(prove) _____

18. 염색했다(dye) _____

19. 인정했다(approve) _____

20. 완성했다(complete) _____

21. 울었다(cry) _____

22. 질투했다(envy) _____

23. 해 봤다, 노력했다(try) _____

24. 적용(응용)했다(apply) _____

25. 분류했다(classify) _____

26. 옮겼다(carry) _____

27. 재통합했다(reunify) _____

28. 튀겼다(fry) _____

29. 복사했다(copy) _____

30. 조깅했다(jog) _____

31. 잡았다(grab) _____

32. 쌌다, 포장했다(wrap) _____

33. 찢다(rip) _____

34. 멈췄다(stop) _____

35. 헌신했다, 저질렀다(commit) _____

36. 손뼉쳤다(clap) _____

37. 가볍게 두드렸다(tap) _____

38. 안았다(hug) _____

18 불규칙 동사 — 자주 쓰는 쉬운 말은 모두 불규칙이라는 놀라운 사실!

영어의 모든 동사는 원형, 과거형, 과거분사형, 이렇게 세 가지 형태가 있다고 했지? 이것을 문법 용어로 동사의 활용이라고 하는데, 동사의 활용은 규칙적으로 변하는 규칙 변화와 제멋대로 변하는 불규칙 변화가 있다는 얘기도 했어. 이번에는 제멋대로 변하는 불규칙 동사에 대해 배울 거야.

- 격식 있는 동사는 규칙적으로 변한다.
  개시하다, 시작하다
  start - started
  조정하다, 배열하다
  arrange - arranged
  연습하다, 훈련하다
  practice - practiced

- 7살도 자주 쓰는 영어 동사는 불규칙하게 변한다.
  시작하다 begin - began
  만들다 make - made
  하다 do - did

불규칙 동사는 과거나 과거분사를 만드는 방식에 정해진 규칙이 없어. 벌써 머리가 아프다고? 그런데 사실 어떤 동사가 '불규칙'이라는 것은 희소식이야. 왜냐하면 우리가 일상생활에서 가장 자주 쓰는 말들이 불규칙 동사들이거든. 그래서 쉽고, 많지 않아서 눈 감고도 외울 수 있어!

위 그림을 보고 빈칸에 알맞은 동사의 과거형을 쓰세요.

해석	규칙 동사	해석	불규칙 동사
1. 나는 요가를 시작했어.	started	2. 너는 요가를 시작했어.	
3. 나는 스케줄을 조정했어.		4. 너는 스케줄을 만들었지.	
5. 그리고 나는 요가를 훈련했어.		6. 너는 매일 그걸 해.	

불규칙 동사는 원형, 과거형, 과거분사형이 제멋대로 변하는 동사!

불규칙 동사는 엿장수 맘대로 변하기 때문에, 암기하는 것말고는 방법이 없어. 그런데 평소에 워낙 많이 쓰는 동사들이라, 하다 보면 저절로 외워질 테니까 너무 걱정 안 해도 돼.

 과거분사는 우리말에는 없는 표현인데, 영어의 중요한 문법인 완료 시제나 수동태 등에 쓰이고 형용사처럼 어떤 상태를 나타내는 데 쓰이기도 해.
그런데 아직 문법적인 것은 신경 쓸 필요 없고 과거형이 나올 때 한 세트로 외워 두는 것이 편해.

■ **불규칙 동사의 변화**: 동사의 변화형을 보고 빈칸을 채워 보자.

동사원형 = 과거형 = 과거분사형	뜻	동사원형 (현재)	과거형	과거분사형
1. A-A-A형 (동사원형, 과거형, 과거분사형이 모두 같은 동사)	내기하다, 걸다	bet	bet	bet
	시도하다, 입찰하다	bid	bid	bid
	방송하다, 널리 알리다	broadcast	broadcast	
	(돈, 시간 등이) 들다	cost		cost
	자르다	cut	cut	
	읽다		read[red]	

read의 과거형과 과거분사형은 [red]로 읽어.

과거형 = 과거분사형	뜻	동사원형 (현재)	과거형	과거분사형
2. A-B-B형 (과거형, 과거분사형이 같은 동사)	구부리다	bend	bent	bent
	가져오다, 데려오다	bring		brought
	(건물을) 짓다	build	built	
	사다	buy		bought
	태우다	burn	burned / burnt	
	잡다	catch		caught
	파다	dig	dug	
	꿈꾸다	dream		dreamed / dreamt
	느끼다	feel	felt	felt
	싸우다	fight		fought
	찾다	find		found
	가지다	have	had	
	듣다	hear		heard
	가르치다	teach	taught	
	생각하다, 생각나다	think	thought	
	말하다	tell	told	
	말하다	say		said

동사원형 ≠ 과거형 ≠ 과거분사형	뜻	동사원형 (현재)	과거형	과거분사형
3. A-B-C (동사원형, 과거형, 과거분사형이 모두 다른 동사)	깨우다	awake	awoke	awoken
	이다, 있다	be (am, are, is)	was, were	been
	시작하다	begin	began	begun
	물다, 씹다	bite	bit	bitten

	뜻	동사원형 (현재)	과거형	과거분사형
3. A - B - C (동사원형, 과거형, 과거분사형이 모두 다른 동사)	불다, 풀다	blow	blew	blown
	부수다, 파괴하다	break	broke	broken
	고르다	choose	chose	chosen
	하다	do	did	done
	그리다, 끌다	draw	drew	drawn
	운전하다, 몰아붙이다	drive	drove	driven
	마시다	drink	drank	drunk
	먹다	eat	ate	eaten
	떨어지다	fall	fell	fallen
	날다	fly	flew	flown
	잊다	forget	forgot	forgotten
	용서하다	forgive	forgave	forgiven
	얼다	freeze	froze	frozen
	얻다	get	got	got/gotten
	주다	give	gave	given
	가다	go	went	gone
	자라다	grow	grew	grown
	보다	see	saw	seen
	쓰다	write	wrote	written

	뜻	동사원형 (현재)	과거형	과거분사형
4. 기타 A - A - B / A - B - A (원형, 과거형이 같거나 원형, 과거분사형이 같은 동사)	때리다, 두드리다	beat	beat	beaten
	~이 되다	become	became	become
	오다	come	came	come

우리말로
시작하기

우리말을 보고 동사의 과거형을 쓰고, 규칙 동사인지 불규칙 동사인지 쓰세요.

소화제 투입

> 우리가 일상생활에서 많이 하는 행동들이 불규칙 동사일 가능성이 높아.

1. 나는 오후에 무엇을 할지 **생각했다.** think _thought_ (불규칙 동사)

2. 그는 사업에 **성공했다.** succeed _____ (   )

3. 나는 어제 물을 많이 **마셨다.** drink _____ (   )

4. 그녀는 다른 사람의 차를 **긁었다.** scratch _____ (   )

5. 나는 오늘 집에 늦게 **왔다.** come _____ (   )

6. 비서가 사장님의 스케줄을 **조정했다.** arrange _____ (   )

1 우리말을 보고 괄호 안의 동사를 알맞은 형태로 고쳐 쓰세요.

1. I ___was___ three years old in 2000. (be) 나는 2000년에 세 살이었다.

2. My brother _____ a soccer player. (become) 우리 형은 축구 선수가 됐다.

3. He _____ many love letters. (write) 그는 많은 연애 편지를 썼다.

4. She _____ her glasses. (break) 그녀는 그녀의 안경을 깨뜨렸다.

5. We _____ the thief. (catch) 우리는 그 도둑을 잡았다.

6. My wife _____ up at six this morning. (get) 내 아내는 오늘 아침 6시에 일어났다.

7. Dean _____ home late. (come) 딘은 늦게 집에 들어왔다.

8. They _____ cereal and an apple for breakfast. (eat) 그들은 아침으로 시리얼과 사과를 먹었다.

 2 빈칸에 어울리는 말을 보기에서 찾아 문맥에 맞게 현재 또는 과거로 바꾸세요.

보기 | drink, hear, play, see, find, buy, send, build

1. I _____ you at the restaurant last night. 나는 지난밤 식당에서 너를 봤다.

2. My father _____ the book yesterday. 우리 아빠는 어제 그 책을 샀다.

3. He _____ me one hundred roses last Sunday. 그는 지난 일요일에 나에게 100송이의 장미를 보냈다.

4. I _____ you talk yesterday morning. 나는 어제 아침에 네가 말하는 것을 들었다.

5. We _____ money now. 우리는 지금 돈을 찾는다.

6. I _____ milk every morning. 나는 매일 아침 우유를 마신다.

7. They _____ this house two years ago. 그들은 2년 전에 이 집을 지었다.

8. You _____ the piano every day. 너는 매일 피아노를 연주한다.

 소화제 투입

필수 단어 **glasses** 안경 **thief** 도둑 **cereal** 시리얼, 곡물 **last night** 지난밤 **yesterday** 어제 **ago** ~전에

과거 시제와 현재 시제에 쓰이는 어구 과거 시제는 주로 last night, last year, yesterday, ago 등과 같이 특정한 과거 시점을 나타내는 어구와 함께 쓰여. 그럼 now와 every day 같은 어구는 어떤 시제와 함께 쓰일까? 맞아! 현재를 나타내기 때문에 현재 시제와 같이 쓰여.

1. awake(깨우다)

2. beat(때리다)

3. become(~이 되다)

4. begin(시작하다)

5. bend(구부리다)

6. bet(내기하다)

7. bid(입찰하다)

8. bite(물다)

9. blow(불다)

10. break(부수다)

11. bring(가지고 오다)

12. broadcast(방송하다)

13. build(짓다)

14. burn(태우다)

15. buy(사다)

16. catch(잡다)

17. choose(고르다)

18. come(오다)

19. cost((돈, 시간 등이) 들다

20. cut(자르다)

21. dig(파다)

22. do(하다)

23. draw(그리다)

24. dream(꿈꾸다)

25. drive(운전하다)

26. drink(마시다)

27. eat(먹다)

28. fall(떨어지다)

29. feel(느끼다)

30. fight(싸우다)

31. find(찾다)

32. fly(날다)

33. forget(잊다)

34. forgive(용서하다)

35. freeze(얼다)

36. get(얻다)

37. give(주다)

38. go(가다)

39. grow(자라다)

19 일반동사의 현재와 의문문 ─ 동사 뒤에 s가 붙느냐? 안 붙느냐?

일반동사의 평서문 중에서도 3인칭 단수 현재가 들어갈 때는
동사에 s나 es가 붙는 거 많이 봤을 거야. 이걸 정확히 알아야
의문문 만드는 걸 배울 수 있어.

· She laughs a lot.
· She watches TV shows.
· She plays tennis.
· She goes to church.
· She likes Chinese food.

Tell me about your sister!

그녀는 3인칭 단수라,
일반동사에 s나 es가 붙었어.

3인칭이란, 나 말고 너 말고 남을 말하는 것이고, 단수란 여러 개가 아니라 한 개를 말하는 것이라고 했지?
일반동사의 의문문은 문장 앞에 무조건 Do나 Does를 붙이면 돼. 단, 3인칭 단수 현재일 때는 조금 신경 써
야 해. 다음 퀴즈를 보며 어디를 신경 써야 할지 짐작해 보자.

다음 빈칸을 채우고 문장의 변화를 살펴보세요.

1. She _____ tennis. 그녀는 테니스를 친다.   ➡ Does she play tennis? 그녀는 테니스를 치니?

2. He _____ TV shows. 그는 TV 쇼를 본다.   ➡ Does he watch TV shows? 그는 TV 쇼를 보니?

3. They _____ to church. 그들은 교회에 간다.   ➡ Do they go to church? 그들은 교회에 가니?

3인칭만 신경 쓰면 의문문도 쉽게 만든다!

1인칭은 '나' 또는 '우리'를, 2인칭은 '너' 또는 '너희'를, 3인칭은 '그, 그녀, 그것(들)'을 말해. 3인칭 중에서도 '3인칭 단수'는 '나 말고 너 말고, 남 얘기인데 한 명 또는 한 개를 말하는 거야. 이 3인칭 단수가 현재 시제의 문장에서 주어가 될 경우에는 동사 끝에 -(e)s를 붙여야 해. 이때, 붙이는 규칙은 동사의 과거형 만드는 것과 비슷하니까 쉽게 배울 수 있을 거야.

■ 3인칭 단수 현재형에 -(e)s를 붙이는 방식

1. 대부분의 일반동사: 일반동사의 3인칭 단수 현재형은 대부분 -s를 붙인다.

She laughs quietly. 그녀는 조용히 웃는다.　He eats everything. 그는 뭐든지 먹는다.

School begins at nine. 학교는 9시에 시작한다.

2. o, x, s, sh, ch로 끝나는 동사: -es를 붙인다.

do(하다) - does　go(가다) - goes　kiss(키스하다) - kisses　mix(섞다) - mixes

fix(고치다) - fixes　brush(솔질하다) - brushes　hush(조용히 시키다) - hushes

watch(지켜보다) - watches　catch(잡다) - catches

Mom kiss ___¹ me and says good night. 엄마는 내게 키스하고 잘 자라고 말한다.
She brush ___² her teeth after meals. 그녀는 식사 후에 이를 닦는다.
My dog watch ___³ TV. 내 개는 TV를 (지켜)본다.

>
> 평생 기억하기
> o, x, s, sh, ch로 끝나는 단어는 -es를 붙여야 발음이 편해져. 읽으면서 자연스럽게 외워 봐.
> 외우기 팁! o, x, s, sh, ch '옥수수 샌드위치'

정답 1~3. es

3. 「자음 + y」로 끝나는 동사: y를 i로 고친 뒤 -es를 붙인다.

cry(울다) - cries　envy(부러워하다) - envies　try(시도하다) - tries

apply(적용하다) - applies　classify(분류하다) - classifies

carry(운반하다) - carries　reunify(재통합하다) - reunifies　copy(복사하다) - copies

My sister cr ___¹ and falls sleep. 내 여동생은 울다가 잠이 든다.
Andy env ___² my new smartphone. 앤디는 내 새 스마트폰을 부러워한다.
He cop ___³ all the reports. 그는 모든 보고서들을 복사한다.

> 「모음 + y」로 끝나면 동사 뒤에 그냥 s만 붙여.
> enjoy(즐기다) - enjoys
> buy(사다) - buys
> play(놀다) - plays
> say(말하다) - says[sez] 발음에 주의!
> pay(지불하다) - pays
> lay(눕히다) - lays

정답 1~3. ies

■ 일반동사의 의문문 만들기: 「Do / Does + 주어 + 동사원형~?」

일반동사의 의문문은 주어 앞에 Do나 Does를 붙여. 「Do / Does + 주어 + 동사원형~?」의 형태로 써. 주어가 3인칭 단수일 때만 Does를 쓰고, 나머지는 다 Do를 쓰면 돼.

I cry.		Do I cry?
You cry.	Do / Does를 주어 앞으로!	Do you cry?
He / She / It cries.	➡	Does he / she / it cry?
They / We cry.		Do they / we cry?

■ 평서문을 의문문으로 바꾸기

1. He plays the piano. ⟹ Does he play the piano? 그는 피아노를 치니?

2. I play the piano. ⟹ Do I play the piano? 나는 피아노를 치니?

3. You play the piano. ⟹ _____ the piano? 너는 피아노를 치니?

4. She plays the piano. ⟹ _____ the piano? 그녀는 피아노를 치니?

5. We play the piano. ⟹ _____ the piano? 우리는 피아노를 치니?

6. They play the piano. ⟹ _____ the piano? 그들은 피아노를 치니?

'악기를 연주하다'라고 할 때 동사는 play를 쓰고, 연주하는 악기 앞에는 항상 정관사 the를 붙여.

■ 괄호 안의 동사를 현재 시제에 알맞은 형태로 쓰고 의문문으로 바꾸기

1. Tom goes to school. (go) ⟹ Does Tom go to school? 톰은 학교에 가니?

2. He ____ a lot. (laugh) ⟹ Does he ____ a lot? 그는 많이 웃니?

3. He ____ lunch at school. (eat) ⟹ Does he ____ lunch at school? 그는 학교에서 점심을 먹니?

4. He ____ a computer today. (buy) ⟹ Does he ____ a computer today? 그는 오늘 컴퓨터를 사니?

5. He ____ a letter for her. (write) ⟹ Does he ____ a letter for her? 그는 그녀를 위해 편지를 쓰니?

우리말로 시작하기 | 아래의 문장을 영작할 때 해당하는 내용에 ○표 하세요.

	인칭	주어의 수	동사	시제
1. 너는 하루에 몇 끼를 먹니?	1인칭, 2인칭, 3인칭	단수, 복수	be동사, 일반동사	과거, 현재
2. 그들은 평소에 공부를 하니?	1인칭, 2인칭, 3인칭	단수, 복수	be동사, 일반동사	과거, 현재
3. 그녀는 피아노 연습을 했니?	1인칭, 2인칭, 3인칭	단수, 복수	be동사, 일반동사	과거, 현재
4. 나는 어젯밤에 잘 잤다.	1인칭, 2인칭, 3인칭	단수, 복수	be동사, 일반동사	과거, 현재
5. 찬열이는 매일 축구를 한다.	1인칭, 2인칭, 3인칭	단수, 복수	be동사, 일반동사	과거, 현재
6. 찬열이네 학교 운동장은 아주 작다.	1인칭, 2인칭, 3인칭	단수, 복수	be동사, 일반동사	과거, 현재

다음 문장을 현재 시제의 평서문과 의문문으로 바꾸세요.

현재 시제 평서문   현재 시제 의문문

1. I had a car.   ➡ I have a car   . ➡ Do I have a car?
나는 차가 있었다.   나는 차가 있다.   나는 차가 있니?

2. You slept well.   ➡   . ➡ _____ you _____ well?
너는 잘 잤다.   너는 잘 잔다.   너는 잘 자니?

3. Jessica tried hard.   ➡   . ➡ _____ Jessica _____ hard?
제시카는 열심히 노력했다.   제시카는 열심히 노력한다.   제시카는 열심히 노력하니?

4. He swam every day.   ➡   . ➡ _____ he _____ every day?
그는 매일 수영했다.   그는 매일 수영한다.   그는 매일 수영하니?

5. We went to chuch.   ➡   . ➡ _____ we _____ to church?
우리는 교회에 갔다.   우리는 교회에 간다.   우리는 교회에 가니?

6. Sally played the guitar.   ➡   . ➡ _____ Sally _____ the guitar?
샐리는 기타를 쳤다.   샐리는 기타를 친다.   샐리는 기타를 치니?

7. They lived in New York.   ➡   . ➡ _____ they _____ in New York?
그들은 뉴욕에 살았다.   그들은 뉴욕에 산다.   그들은 뉴욕에 사니?

8. You washed your face.   ➡   . ➡ _____ you _____ your face?
너는 세수를 했다.   너는 세수를 한다.   너는 세수를 하니?

9. She knew my name.   ➡   . ➡ _____ she _____ my name?
그녀는 내 이름을 알았다.   그녀는 내 이름을 안다.   그녀는 내 이름을 아니?

10. He began to sing.   ➡   . ➡ _____ he _____ to sing?
그는 노래 부르기 시작했다.   그는 노래 부르기 시작한다.   그는 노래 부르기 시작하니?

11. The stew smelled good.   ➡   . ➡ _____ the stew _____ good?
그 스튜는 냄새가 좋았다.   그 스튜는 냄새가 좋다.   그 스튜는 냄새가 좋니?

12. Tom read comic books.   ➡   . ➡ _____ Tom _____ comic books?
톰은 만화책을 읽었다.   톰은 만화책을 읽는다.   톰은 만화책을 읽니?

13. Mom mixed eggs with milk.   ➡   . ➡ _____ mom _____ eggs with milk?
엄마는 계란을 우유와 섞었다.   엄마는 계란을 우유와 섞는다.   엄마는 계란을 우유와 섞니?

14. He bought a new desk.   ➡   . ➡ _____ he _____ a new desk?
그는 새 책상을 샀다.   그는 새 책상을 산다.   그는 새 책상을 사니?

15. She sometimes felt lonely.   ➡   . ➡ _____ she sometimes _____ lonely?
그녀는 가끔 외롭게 느꼈다.   그녀는 가끔 외롭게 느낀다.   그녀는 가끔 외롭게 느끼니?

소화제 투입 😊

필수 단어 go to church 교회에 가다 「play + the + 악기 이름」 ~을 연주하다 wash one's face 세수하다 comic books 만화책

 **Memorization** 우리말을 보고 영어 문장을 완성하세요.

이런 기본 문장들은 말로 반복해서 열심히 연습해 둬야 해. 기초가 없으면 나중에 더 길고 복잡한 문장을 말할 수 없거든. 문장은 벽돌과 같아서 기초를 잘 쌓아야 나중에 큰 집을 지을 수 있어.

동사	평서문		의문문	
cry	1. 나는 운다.		2. 내가 우니?	
	3. 너는 운다.		4. 너는 우니?	
	5. 그는 운다.		6. 그는 우니?	
	7. 그녀는 운다.		8. 그녀는 우니?	
	9. 그것은 운다.		10. 그것은 우니?	
	11. 그들은 운다.		12. 그들은 우니?	
	13. 우리는 운다.		14. 우리는 우니?	
write	15. 나는 쓴다.		16. 내가 쓰니?	
eat	17. 너는 먹는다.		18. 너는 먹니?	
laugh	19. 그는 웃는다.		20. 그는 웃니?	
kiss	21. 그녀는 키스한다.		22. 그녀는 키스하니?	
go	23. 그것은 간다.		24. 그것은 가니?	
take	25. 그들은 취한다.		26. 그들은 취하니?	
buy	27. 우리는 산다.		28. 우리는 사니?	

 소화제 투입

3인칭 단수 현재형에 -(e)s 붙이기
1. 대부분: -s를 붙인다.
2. o, x, s, sh, ch(옥수수 샌드위치)로 끝나면: -es를 붙인다.
3. 「자음 + y」로 끝나면: y를 i로 고친 뒤 -es를 붙인다.

일반동사의 의문문 만들기
주어 앞에 Do나 Does를 붙인다. 「Do / Does + 주어 + 동사원형~?」의 형태로 쓴다.

be동사와 일반동사 총정리

빈칸을 채워 표를 완성하세요!

15 be동사의 현재와 과거 · 주어와 단짝으로 붙어 다니는 동사

단수/복수	주어	현재형	과거형	시제에 알맞은 be동사 쓰기
단수	I 나는	am	was	I am a player. 나는 선수이다. I _____¹ a player. 나는 선수였다.
	You 너는	are	were	You are a player. 너는 선수이다. You _____² a player. 너는 선수였다.
	He 그는 She 그녀는 It 그것은	³	⁴	It _____⁵ cold today. 오늘은 춥다. It was cold yesterday. 어제는 추웠다.
복수	We 우리는 You 너희들은 They 그들은	⁶	⁷	We are players. 우리는 선수들이다. We _____⁷ players. 우리는 선수들이었다.

16 be동사의 긍정·부정·의문 · "그랬다, 안 그랬다, 그랬냐?"

부정문은 축약형으로 쓰세요.

A: Was she a musician?	B: Yes, she was. / No, she wasn't.
A: Is she a musician?	B: Yes, _____¹. / No, _____².
A: Were you healthy?	B: Yes, I was. / No, _____³.
A: Are you healthy?	B: Yes, _____⁴. / No, _____⁵.

17 일반동사의 과거 규칙 동사 · 지나간 일들을 말할 수 있다!

모음은 a, e, i, o, u

규칙 동사의 과거형을 만드는 방법

1. 일반적으로	-ed를 붙인다.	예) design → _____¹
2. e로 끝나면	-d만 붙인다.	예) agree → _____²
3. 「자음 + y」로 끝나면	y를 빼고 -ied를 붙인다.	예) study → _____³
4. 「모음 + y」로 끝나면	그대로 -ed를 붙인다.	예) play → _____⁴
5. 「단모음 + 단자음」으로 끝나면	자음을 겹쳐 쓰고 -ed를 붙인다.	예) stop → _____⁵

18 불규칙 동사　자주 쓰는 쉬운 말은 모두 불규칙이라는 놀라운 사실!

1. A-A-A형(동사원형, 과거형, 과거분사형이 모두 같은 동사)

원형	과거	과거분사	원형	과거	과거분사
bet	bet	bet	cost	1	cost
bid	bid	2	cut	3	
broadcast	4	broadcast	read	5	read[red]

2. A - B - B형(과거형과 과거분사형이 같은 동사)

bend	bent	6	feel	felt	7
bring	brought	8	fight	9	fought
build	10	built	find	11	found
buy	12	bought	have	had	13

3. A - B - C(동사원형, 과거형, 과거분사형이 모두 다른 동사)

awake	awoke	awoken	fall	fell	fallen
be(am, are,is)	was / were	been	fly	14	flown
begin	15	begun	forget	forgot	forgotten
break	broke	broken	get	16	got / gotten
do	17	done	go	went	gone

4. 기타 A - A - B / A - B - A(동사원형, 과거형이 같거나 원형, 과거분사형이 같은 동사)

beat	beat	beaten	come	18	come
become	19	become			

이것뿐만 아니라 18과에 나온 불규칙 동사는 모두 외워 둬야 해!

19 일반동사의 현재와 의문문　동사 뒤에 s가 붙느냐? 안 붙느냐?

주어가 3인칭 단수일 때는 Does+동사원형!

주어	긍정문	의문문	긍정문	의문문
I	I cry.	Do I cry?	I write.	Do I write?
you	You cry.	1	You ___2___.	Do you eat?
he	He cries.	Does he cry?	He laughs.	3
she	She cries	4	She kisses.	5
it	It cries.	Does it cry?	It goes.	6
they	They cry.	7	They ___8___.	Do They take?
we	We cry	Do we cry?	We buy.	9

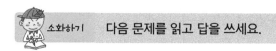

1 괄호 안의 동사를 과거와 현재 시제에 알맞게 쓰세요.

1. He ___was___ a bad boy. (be)

   He ___is___ a model student now.

   └ '모범생'이라는 뜻.

2. Dad _____ a cup. (drop)

   He often _____ cups.

3. I _____ at home before. (study)

   I _____ at the library now.

4. We _____ that pizza yesterday. (try)

   We always _____ new pizza.

5. I _____ a boy band last year. (like)

   I _____ a girl band this year.

6. My dog _____ balls well before. (catch)

   It still _____ balls well.

7. Ben _____ in-line skates before. (have)

   He _____ a snowboard now.

8. Mr. White _____ many books. (write)

   He _____ stories every day.

9. I _____ to school at 8 last year. (go)

   I _____ to school at 9 this year.

10. They _____ chicken yesterday. (eat)

    They sometimes _____ chicken.

11. She _____ shoes last Friday. (buy)

    She always _____ pretty shoes.

12. I _____ at 12 o'clock last night. (sleep)

    I usually _____ at 10 o'clock.

13. He _____ me cake this morning. (send)

    He _____ me presents every day.

14. She _____ him two days ago. (see)

    She _____ him every morning.

해석 1. 그는 나쁜 소년이었다. 그는 지금은 모범생이다. 2. 아빠는 컵을 떨어뜨렸다. 그는 종종 컵들을 떨어뜨린다. 3. 나는 전에 집에서 공부했다. 나는 이제 도서관에서 공부한다. 4. 우리는 어제 그 피자를 먹어 봤다. 우리는 언제나 새 피자를 먹어 본다. 5. 나는 작년에 보이 그룹을 좋아했다. 나는 금년에는 걸 그룹을 좋아한다. 6. 내 개는 전에 공을 잘 잡았다. 그것은 여전히 공들을 잘 잡는다. 7. 벤은 전에 인라인 스케이트가 있었다. 그는 지금은 스노우보드가 있다. 8. 화이트 씨는 많은 책을 썼다. 그는 매일 이야기를 쓴다. 9. 나는 작년에 8시에 학교에 갔다. 나는 올해에는 9시에 학교에 간다. 10. 그들은 어제 치킨을 먹었다. 그들은 가끔 치킨을 먹는다. 11. 그녀는 지난 금요일에 많은 신발들을 샀다. 그녀는 언제나 예쁜 신발들을 산다. 12. 나는 어젯밤 12시에 잤다. 나는 보통 10시에 잔다. 13. 그는 오늘 아침 나에게 케이크를 보냈다. 그는 나에게 매일 선물들을 보낸다. 14. 그녀는 이틀 전에 그를 봤다. 그녀는 매일 아침 그를 본다.

2 보기를 보고 빈칸에 알맞은 be동사를 넣어 문장을 완성하세요(부정문은 축약형으로 쓰세요).

보기 | A: Were you weak?   B: No, I wasn't. / Yes, I was.

1. A: Were they soccer players?

B: No, they _____ .

2. A: Was she a musician?

B: Yes, she _____ .

3. A: Was I a bad child?

B: No, you _____ .

4. A: Was he hungry?

B: Yes, he _____ .

5. A: Were you short?

B: Yes, I _____ .

6. A: Were we at home?

B: No, we _____ .

7. A: Was our grandmother beautiful?

B: Yes, she _____ .

8. A: Was she your sister?

B: No, she _____ .

9. A: Was your dog smart?

B: Yes, it _____ .

10. A: Were they diligent students?

B: No, they _____ .

해석 1. A: 그들은 축구 선수들이었니? B: 아니, 그렇지 않았어. 2. A: 그녀는 뮤지션이었니? B: 응, 그랬어. 3. A: 나는 못된 아이였니? B: 아니, 그렇지 않았어. 4. A: 그는 배가 고팠니? B: 응, 그랬어. 5. A: 너는 키가 작았니? B: 응, 그랬어. 6. A: 우리는 집에 있었니? B: 아니, 그렇지 않았어. 7. A: 우리 할머니는 예뻤어? B: 응, 그러셨어. 8. A: 그녀는 너희 언니였니? B: 아니, 그렇지 않았어. 9. A: 너의 개는 똑똑했니? B: 응, 그랬어. 10. A: 그들은 성실한 학생들이었니? B: 아니, 그렇지 않았어.

3 앞의 문장을 현재 시제의 평서문과 의문문으로 바꾸세요.

1. I bought a comic book. ➡ I buy a comic book. ➡ Do I buy a comic book?

2. I knew his secret. ➡ I _____ his secret. ➡ _____ his secret?

3. We got up early. ➡ We _____ early. ➡ _____ early?

4. Jack read the report. ➡ Jack _____ the report. ➡ _____ the report?

5. I found your purse. ➡ I _____ your purse. ➡ _____ your purse?

6. She heard him speak. ➡ She _____ him speak. ➡ _____ him speak?

7. He came home late. ➡ He _____ home late. ➡ _____ home late?

해석 1. 나는 만화책을 샀다. 나는 만화책을 산다. 나는 만화책을 사니? 2. 나는 그의 비밀을 알았다. 나는 그의 비밀을 안다. 나는 그의 비밀을 아니? 3. 우리는 일찍 일어났다. 우리는 일찍 일어난다. 우리는 일찍 일어나니? 4. 잭은 그 보고서를 읽었다. 잭은 그 보고서를 읽는다. 잭은 그 보고서를 읽니? 5. 나는 너의 지갑을 찾았다. 나는 너의 지갑을 찾는다. 나는 너의 지갑을 찾니? 6. 그녀는 그가 말하는 것을 들었다. 그녀는 그가 말하는 것을 듣는다. 그녀는 그가 말하는 것을 듣니? 7. 그는 집에 늦게 왔다. 그는 집에 늦게 온다. 그는 집에 늦게 오니?

20 일반동사의 부정과 부정 의문 — "한다, 하냐?, 안 한다, 안 하냐?"

이제 그동안 맛보기로 공부해 봤던 4CC를 본격적으로 공부하면서 부정 의문문 만들기에 도전해 보자! 누군가 나에게 "난 널 사랑해."(긍정 평서문)라고 말했다고 상상해 봐. 심장이 두근두근 하겠지? 그런데 갑자기 사랑에 확신이 없어진 것처럼 "내가 널 사랑하나?"(긍정 의문문)라고 말하면 심쿵하겠지? 그리고 좀 더 생각해 보더니 "난 널 사랑하지 않아."(부정 평서문)라고 결론을 내린다면 심장이 쫄깃해질 거야. 그런데 바로 돌아서서 "내가 널 사랑하지 않나?"(부정 의문문)라고 또 물어본다면 '지금 나랑 장난하나?'라는 생각이 들겠지? 이렇게 '한다, 하냐?, 안 한다, 안 하냐?'라고 문장을 4가지로 바꾸는 연습을 문장의 4CC라고 해.

아래 문장 중 부정 의문문을 모두 고르세요. (,   ,   )

1. Don't you go to school today?   너는 오늘 학교 안 가니?
2. Does he have a car?   그는 차를 가지고 있니?
3. Don't you love me?   너는 나를 사랑하지 않니?
4. Doesn't Mary like pizza?   메리는 피자를 좋아하지 않니?
5. Do they listen to K-pop songs?   그들은 K-pop을 듣니?

정답 1, 3, 4

일반동사의 부정문과 의문문 대답까지~

7과에서 be동사와 일반동사의 4CC를 공부했는데, 이번에는 일반동사의 4CC를 집중적으로 공부할 거야. 의문문뿐만 아니라, 부정문과 부정 의문문을 만드는 법까지 연습해 보자!

■ 긍정 의문문에 대답하기

일반동사의 의문문은 주어의 인칭에 알맞은 조동사 Do나 Does를 붙여 주고 「Do / Does + 주어 + 동사원형~」의 형태로 쓴다고 했지? 긍정 의문문으로 물을 때는 Yes나 No로 대답한다는 것도 알고 있지? 빈칸을 채우며 이해해 보자.

 조동사란 동사를 돕는 동사라는 뜻인데, 2권에서 더 자세히 공부할 거야.

> Do로 물어보면 do나 don't로 대답하고, Does로 물어보면 does나 doesn't로 대답해. 그리고 Do you~?에는 Yes, I do.나 No, I don't.로 대답하고 Do I~?에는 Yes, you do.나 No, you don't.로 인칭을 바꿔서 대답해야 해.

평서문	의문문	Yes / No 대답
I write it. 나는 그것을 쓴다.	Do I write it? 나는 그것을 쓰니?	Yes, you do. / No, you don't. 응, 그래. / 아니, 그렇지 않아.
You eat it. 너는 그것을 먹는다.	Do you eat it? 너는 그것을 먹니?	Yes, ___¹ do. / No, I don't. 응, 그래. / 아니, 그렇지 않아.
He likes it. 그는 그것을 좋아한다.	Does he like it? 그는 그것을 좋아하니?	Yes, he does. / No, he doesn't. 응, 그래. / 아니, 그렇지 않아.
She looks at it. 그녀는 그것을 본다.	Does she look at it? 그녀는 그것을 보니?	Yes, she ___². / No, she doesn't. 응, 그래. / 아니, 그렇지 않아.
It laughs. 그것은 웃는다.	Does it laugh? 그것은 웃니?	Yes, it does. / No, it ___³. 응, 그래. / 아니, 그렇지 않아.
We stop. 우리는 멈춘다.	Do we stop? 우리가 멈추니?	Yes, we do. / No, we don't. 응, 그래. / 아니, 그렇지 않아.
They hope so. 그들은 그렇게 바란다.	Do they hope so? 그들은 그렇게 바라니?	Yes, they ___⁴. / No, they ___⁵. 응, 그래. / 아니, 그렇지 않아.

정답 1. I 2. does 3. doesn't 4. do 5. don't

■ 부정문 만들기: 「주어 + don't / doesn't + 동사원형~」

일반동사의 부정문은 현재 시제일 때 동사 앞에 don't(do not)를 붙이면 되는데, 주어가 3인칭 단수 현재일 경우는 doesn't(does not)를 쓰면 돼. 이때도 당연히 동사원형을 써야 해.

긍정문	부정문
I write it. 나는 그것을 쓴다.	I ___¹ write it. 나는 그것을 안 쓴다.
You eat it. 너는 그것을 먹는다.	You don't eat it. 너는 그것을 안 먹는다.
He likes it. 그는 그것을 좋아한다.	He doesn't like it. 그는 그것을 안 좋아한다.
She looks at it. 그녀는 그것을 본다.	She ___² look at it. 그녀는 그것을 안 본다.
It laughs. 그것은 웃는다.	It doesn't ___³. 그것은 안 웃는다.
We stop. 우리는 멈춘다.	We ___⁴ stop. 우리는 안 멈춘다.
They hope so. 그들은 그렇게 바란다.	They don't hope so. 그들은 그렇게 안 바란다.

정답 1. don't 2. doesn't 3. laugh 4. don't

■ **부정 의문문 만들기:**「Don't / Doesn't + 주어 + 동사원형~?」

Don't나 Doesn't를 주어 앞에 붙이고 동사원형을 써. 우리말로는 '~하지 않니' 혹은 '~ 안 하니?'라고 해석돼.

부정문		부정 의문문
I don't write it. 나는 그것을 안 쓴다.		Don't I write it? 나는 그것을 안 쓰니?
You don't eat it. 너는 그것을 안 먹는다.		_____¹ you eat it? 너는 그것을 안 먹니?
He doesn't like it. 그는 그것을 안 좋아한다.	⇨	Doesn't he like it? 그는 그것을 안 좋아하니?
She doesn't look at it. 그녀는 그것을 안 본다.		_____² she look at it? 그녀는 그것을 안 보니?
It doesn't laugh. 그것은 안 웃는다.		Doesn't it laugh? 그것은 안 웃니?
We don't stop. 우리는 안 멈춘다.		Don't we stop? 우리는 안 멈추니?
They don't hope so. 그들은 그렇게 안 바란다.		_____³ they hope so? 그들은 그렇게 안 바라니?

정답 1. Don't 2. Doesn't 3. Don't

■ **부정 의문문에 대답하기**

우리말로 "너 나 안 좋아해?"라고 물어보면 우리는 "아니, 좋아해."라고 하거나 "응, 안 좋아해."라고 대답하지? 그런데 영어는 그렇게 대답하면 큰일 나. 부정 의문문에 대답할 경우에는 긍정이면 Yes, 부정이면 No라고 하면 돼.

A: Don't you like me? 너는 나를 안 좋아하니?

— Yes 뒤에는 무조건 긍정문!
B: Yes, I do. 응, 그래 좋아해(아니, 좋아해).

No, I don't. 아니, 안 좋아해(응, 안 좋아해).
— No뒤에는 무조건 부정문!

 우리말로는 괄호 안의 해석이 자연스럽지만, 이 책에서는 헷갈리지 않도록 영어식으로 해석을 적었어.

> 부정 의문문에 대한 대답으로는 Yes가 나오면 뒤에 무조건 긍정문이 따라 나오고, No가 나오면 무조건 부정문이 따라 나와야 해. 만일 상대방이 "Don't you like me?(너 나 안 좋아해?)"라고 물어봤는데 좋아한다는 뜻으로 자신 있게 "No."라고 대답하면 바로 헤어지게 될 거야.

 A: Doesn't she look at it? 그녀는 그걸 안 보니?

B: _____¹, she does. 응, 그래 봐(아니, 그녀는 그걸 봐).

_____², she doesn't. 아니, 안 봐(응, 그녀는 그걸 안 봐).

정답 1.Yes 2. No

 긍정 평서문을 보고 일반동사의 4CC 표를 완성하세요.

긍정 평서문 (한다)	긍정 의문문 (하냐?)	부정 평서문 (안한다)	부정 의문문 (안 하냐?)
1. 너는 게임을 좋아한다.	너는 게임을 좋아하니?	너는 게임을 안 좋아한다.	너는 게임을 안 좋아하니?
2. 나는 많이 먹는다.	나는 많이 _____?	나는 많이 _____.	나는 많이 _____?
3. 그는 번지점프를 한다.	그는 _____?	그는 _____.	그는 _____?
4. 그녀는 랩을 한다.	그녀는 _____?	그녀는 _____.	그녀는 _____?
5. 우리는 음악을 듣는다.	우리는 _____?	우리는 _____.	우리는 _____?

1. I walk to school. ⇒ I don't walk to school . ⇒ Don't I walk to school?

나는 학교에 걸어서 간다. 　나는 학교에 걸어서 안 간다. 　나는 학교에 걸어서 안 가니?

2. You like Italian food. ⇒ _____ . ⇒ _____?

너는 이탈리아 음식을 좋아한다. 　너는 이탈리아 음식을 안 좋아한다. 　너는 이탈리아 음식을 안 좋아하니?

3. She wears glasses. ⇒ _____ . ⇒ _____?

그녀는 안경을 쓴다. 　그녀는 안경을 안 쓴다. 　그녀는 안경을 안 쓰니?

4. We know the answer. ⇒ _____ . ⇒ _____?

우리는 대답을 안다. 　우리는 대답을 모른다. 　우리는 대답을 모르니?

5. I hate worms. ⇒ _____ . ⇒ _____?

나는 벌레들을 싫어한다. 　나는 벌레들을 싫어하지 않는다. 　나는 벌레들을 싫어하지 않니?

6. Judy smiles at me. ⇒ _____ . ⇒ _____?

주디는 나에게 미소를 짓는다. 　주디는 나에게 미소 짓지 않는다. 　주디는 나에게 미소 짓지 않니?

7. He eats breakfast. ⇒ _____ . ⇒ _____?

그는 아침을 먹는다. 　그는 아침을 안 먹는다. 　그는 아침을 안 먹니?

8. They look at the menu. ⇒ _____ . ⇒ _____?

그들은 메뉴를 본다. 　그들은 메뉴를 안 본다. 　그들은 메뉴를 안 보니?

「stop + -ing」는 '~하는 것을 멈추다'라는 뜻이야.

9. You stop talking. ⇒ _____ . ⇒ _____?

너는 말하는 것을 멈춘다. 　너는 말하는 것을 안 멈춘다. 　너는 말하는 것을 안 멈추니?

 부정 의문문에 대답할 때는 우리말과 Yes, No의 해석이 반대라는 것에 주의해야 해.

보기 | A: Doesn't she eat meat? 그녀는 고기를 안 먹니?
　　　 B: Yes, she does. She eats meat. 응, 그래. 그녀는 고기를 먹어.
　　　　 No, she doesn't. She doesn't eat meat. 아니, 그렇지 않아. 그녀는 고기를 안 먹어.

1. A: Doesn't she write a novel?　　　　　　　그녀는 소설을 안 쓰니?

　　 B: Yes, she _____ . She _____ •　응, 그래. 그녀는 소설을 써.

2. A: Don't all the girls like him?　　　　　모든 소녀들이 그를 안 좋아하니?

　　 B: No, they _____ . They _____ •　아니, 그렇지 않아. 그들은 그를 안 좋아해.

3. A: Doesn't he look good?　　　　　　　　그는 잘 생기지 않았니?

　　 B: Yes, he _____ . He _____ •　응, 그래. 그는 잘 생겼어.

4. A: Don't we go on the rides?　　　　　　우리는 놀이기구를 안 타니?

　　 B: No, we _____ . We _____ •　아니, 그렇지 않아. 우리는 놀이기구를 안 타.

긍정 평서문 한다	긍정 의문문 하냐?	부정 평서문 안한다	부정 의문문 안하냐?
1. 나는 그것을 쓴다.	나는 그것을 쓰니?	나는 그것을 안 쓴다.	나는 그것을 안 쓰니?
I write it.	Do I write it?	I don't write it.	Don't I write it?
2. 너는 그것을 먹는다.	너는 그것을 먹니?	너는 그것을 안 먹는다.	너는 그것을 안 먹니?
You eat it.	_____?	_____.	_____?
3. 그는 그것을 좋아한다.	그는 그것을 좋아하니?	그는 그것을 안 좋아한다.	그는 그것을 안 좋아하니?
He likes it.	Does he ____?	_____.	_____?
4. 그녀는 그것을 본다.	그녀는 그것을 보니?	그녀는 그것을 안 본다.	그녀는 그것을 안 보니?
She looks at it.	_____?	_____.	_____?
5. 그것은 웃는다.	그것은 웃니?	그것은 안 웃는다.	그것은 안 웃니?
It laughs.	_____?	_____.	_____?
6. 그들은 그렇게 바란다.	그들은 그렇게 바라니?	그들은 그렇게 안 바란다.	그들은 그렇게 안 바라니?
They hope so.	_____?	_____.	_____?
7. 우리는 멈춘다.	우리는 멈추니?	우리는 안 멈춘다.	우리는 안 멈추니?
We stop.	_____?	_____.	_____?
8. 나는 그것을 좋아한다.	나는 그것을 좋아하니?	나는 그것을 안 좋아한다.	나는 그것을 안 좋아하니?
I like it.	_____?	_____.	_____?
9. 나는 학교에 간다.	나는 학교에 가니?	나는 학교에 안 간다.	나는 학교에 안 가니?
I go to school.	_____?	_____.	_____?
10. 나는 너를 사랑한다.	나는 너를 사랑하니?	나는 너를 안 사랑한다.	나는 너를 안 사랑하니?
I love you.	_____?	_____.	_____?
11. 나는 매일 일한다.	나는 매일 일하니?	나는 매일 일하지 않는다.	나는 매일 일하지 않니?
I work every day.	_____?	_____.	_____?

21 일반동사 과거의 부정과 부정 의문 — "했다, 했냐? 안 했다, 안 했냐?"

"기다, 기냐? 아니다. 아니냐?" 대화할 때는 이 네 가지 말고 다른 형태는 없다고 했지? 이번에는 이 네 문형의 과거형을 익혀 볼 거야.

지난 과에서 일반동사 현재의 4CC를 공부했어. 일반동사 현재의 4CC가 "한다, 하냐? 안 한다. 안 하냐?"라면, 과거의 4CC는 "했다, 했냐? 안 했다, 안 했냐?"가 되겠지? 일반동사의 과거는 현재와 마찬가지로 조동사가 사용되는데, 인칭에 상관 없이 부정문은 didn't, 긍정문은 did로 다 해결돼. 그러니 과거형이 더 쉽겠지? 일반동사 과거의 4CC도 문제없어. 완전 대박이지?

 아래 보기를 보고 문장에 해당하는 문형을 쓰세요.

보기 | 긍정 평서문, 긍정 의문문, 부정 평서문, 부정 의문문

 2~4번은 do가 왜 2개냐고? 앞에는 조동사, 뒤에는 본동사라고 해.

1. I did it. (　　　　　) 나는 그것을 했다.　　2. Did I do it? (　　　　　) 내가 그걸 했니?

3. I didn't do it. (　　　　　) 나는 그걸 안 했다.　　4. Didn't I do it? (　　　　　) 내가 그걸 안 했니?

정답 1. 긍정 평서문 2. 긍정 의문문 3. 부정 평서문 4. 부정 의문문

124

일반동사의 과거형 – 했다, 했냐?, 안 했다, 안 했냐?

일반동사 과거형의 부정문과 의문문에서는 do / does 대신 did를 사용하면 돼.

과거 의문문에 대답하기
Did you~?에는 Yes, I did.나 No, I didn't.로 대답하고 Did I~?에는 Yes, you did.나 No, you didn't.로 인칭을 바꿔서 대답해야 해.

■ 과거 의문문 만들기: 「Did + 주어 + 동사원형~?」

Do / Does 대신 과거형인 Did를 문장 맨 앞에 쓰고 주어 뒤에 동사원형을 써.
과거 시제의 의문문 역시 Yes나 No로 대답할 수 있어.

평서문	의문문	Yes / No 대답
I saw it. 나는 그것을 봤다.	Did I see it? 나는 그것을 봤니?	Yes, you did. / No, you didn't. 응, 그랬어. / 아니, 그렇지 않았어.
You passed it. 너는 그것을 지나갔다.	Did you pass it? 너는 그것을 지나갔니?	Yes, I did. / No, I didn't. 응, 그랬어. / 아니, 그렇지 않았어.
He knew it. 그는 그것을 알았다.	Did he know it? 그는 그것을 알았니?	Yes, he did. / No, he didn't. 응, 그랬어. / 아니, 그렇지 않았어.
She loved it. 그녀는 그것을 사랑했다.	Did she love it? 그녀는 그것을 사랑했니?	Yes, _____¹. / No, _____². 응, 그랬어. / 아니, 그렇지 않았어.
It smelled it. 그것은 그 냄새를 맡았다.	Did it smell it? 그것은 그 냄새를 맡았니?	Yes, _____³. / No, _____⁴. 응, 그랬어. / 아니, 그렇지 않았어.
We bought it. 우리는 그것을 샀다.	Did we buy it? 우리는 그것을 샀니?	Yes, we did. / No, we didn't. 응, 그랬어. / 아니, 그렇지 않았어.
They tasted it. 그들은 그것을 맛봤다.	Did they taste it? 그들은 그것을 맛봤니?	Yes, _____⁵. / No, _____⁶. 응, 그랬어. / 아니, 그렇지 않았어.

정답 1. she did 2. she didn't 3. it did 4. it didn't 5. they did 6. they didn't

■ 과거 부정문 만들기: 「주어 + didn't + 동사원형~」

과거의 부정문은 didn't를 동사 앞에 쓰면 돼. didn't 뒤에는 동사원형!   3인칭이라고 달라지는 건 없어. 모두 디든~디든~디든~

긍정문	부정문
I saw it. 나는 그것을 봤다.	I didn't see it. 나는 그것을 안 봤다.
You passed it. 너는 그것을 지나갔다.	You _____¹ pass it. 너는 그것을 지나가지 않았다.
He knew it. 그는 그것을 알았다.	He didn't know it. 그는 그것을 몰랐다.
She loved it. 그녀는 그것을 사랑했다.	She _____² it. 그녀는 그것을 안 사랑했다.
It smelled it. 그것은 그 냄새를 맡았다.	It didn't smell it. 그것은 그 냄새를 안 맡았다.
We bought it. 우리는 그것을 샀다.	We _____³ it. 우리는 그것을 안 샀다.
They tasted it. 그들은 그것을 맛봤다.	They didn't taste it. 그들은 그것을 맛보지 않았다.

정답 1. didn't 2. didn't love 3. didn't buy

■ 과거의 부정 의문문 만들기: 「Didn't + 주어 + 동사원형~?」

과거의 부정 의문문은 Didn't를 문장 맨 앞에 쓰고 「주어 + 동사원형」의 순서로 쓰면 돼.

<table>
<tr><th>부정문</th><th>부정 의문문</th></tr>
<tr><td>I didn't see it. 나는 그것을 안 봤다.</td><td>Didn't I see it? 나는 그것을 안 봤니?</td></tr>
<tr><td>You didn't pass it. 너는 그것을 지나가지 않았다.</td><td>_____¹ you pass it? 너는 그것을 지나가지 않았니?</td></tr>
<tr><td>He didn't know it. 그는 그것을 몰랐다.</td><td>Didn't he know it?. 그는 그것을 몰랐니?</td></tr>
<tr><td>She didn't love it. 그녀는 그것을 안 사랑했다.</td><td>_____² love it? 그녀는 그것을 안 사랑했니?</td></tr>
<tr><td>It didn't smell it. 그것은 그 냄새를 안 맡았다.</td><td>Didn't it smell it? 그것은 그 냄새를 안 맡았니?</td></tr>
<tr><td>We didn't buy it. 우리는 그것을 안 샀다.</td><td>Didn't we buy it? 우리는 그것을 안 샀니?</td></tr>
<tr><td>They didn't taste it. 그들은 그것을 맛보지 않았다.</td><td>_____³ taste it? 그들은 그것을 맛보지 않았니?</td></tr>
</table>

정답 1. Didn't 2. Didn't she 3. Didn't they

■ 부정 의문문에 대답하기

과거형의 부정 의문문도 대답할 때 우리말과 반대로 말하니 주의하자. 대답이 긍정이면 무조건 Yes, 부정이면 무조건 No로 대답해.

A: Didn't he know it? 그는 그걸 알지 못했어?
B: Yes, he did. 응, 알았어(아니, 그는 그걸 알았어).
　 No, he didn't. 아니, 몰랐어(응, 그는 그걸 몰랐어).

I saw it. 나는 그것을 봤다.　　　　　　　　　　I _____¹ it. 나는 그것을 안 봤다.

_____² see it? 나는 그것을 봤니?　　　　_____³ I see it? 나는 그것을 안 봤니?

정답 1. didn't see 2. Did I 3. Didn't

우리말로 시작하기 | 우리말로 4CC 표를 완성하세요.

긍정 평서문 (했다)	긍정 의문문 (했냐?)	부정 평서문 (안 했다)	부정 의문문 (안 했냐?)
1. 우리는 공연장에 갔다.	우리는 공연장에 갔니?	우리는 공연장에 안 갔다.	우리는 공연장에 안 갔니?
2. 정국이는 노래를 했다.	정국이는　　　　?	정국이는　　　　.	정국이는　　　　?
3. 지민이는 춤을 췄다.	지민이는　　　　?	지민이는　　　　.	지민이는　　　　?
4. 나는 사진을 찍었다.	나는　　　　?	나는　　　　.	나는　　　　?

1 다음 문장을 부정문과 부정 의문문으로 바꾸세요.

1. I brushed my teeth. ➡ I _____ . ➡ _____ ?
나는 이를 닦았다.   나는 이를 안 닦았다.   나는 이를 안 닦았니?

2. She took a shower. ➡ _____ . ➡ _____ ?
그녀는 샤워를 했다.   그녀는 샤워를 안 했다.   그녀는 샤워를 안 했니?

3. I tasted the food. ➡ _____ . ➡ _____ ?
나는 그 음식을 맛봤다.   나는 그 음식을 맛보지 않았다.   나는 그 음식을 맛보지 않았니?

4. Bob passed the exam. ➡ _____ . ➡ _____ ?
밥은 그 시험을 통과했다.   밥은 그 시험을 통과하지 않았다.   밥은 그 시험을 통과하지 않았니?

5. It rained yesterday. ➡ _____ . ➡ _____ ?
어제 비가 왔다.   어제 비가 안 왔다.   어제 비가 안 왔니?

6. We saw this movie. ➡ _____ . ➡ _____ ?
우리는 이 영화를 봤다.   우리는 이 영화를 안 봤다.   우리는 이 영화를 안 봤니?

7. They knew each other. ➡ _____ . ➡ _____ ?
그들은 서로 알았다.   그들은 서로 몰랐다.   그들은 서로 몰랐니?

8. He surfed the Internet. ➡ _____ . ➡ _____ ?
그는 인터넷을 검색했다.   그는 인터넷을 검색하지 않았다.   그는 인터넷을 검색하지 않았니?

 2 다음 질문에 긍정과 부정으로 대답하세요.

> **보기** │ A: Didn't you call me? 너는 나에게 전화하지 않았니?
> B: Yes, I did. I called you. 응, 그랬어. 나는 너에게 전화했어.
> No, I didn't. I didn't call you. 아니, 안 했어. 나는 너에게 전화 안 했어.

1. A: Didn't she clean her room?   그녀는 그녀의 방을 청소하지 않았니?
    B: Yes, she _____ . She _____ · 응, 그랬어. 그녀는 그녀의 방을 청소했어.

2. A: Didn't Sally go out?   샐리는 외출하지 않았니?
    B: No, she _____ . She _____ · 아니, 안 했어. 그녀는 외출하지 않았어.

3. A: Didn't they leave a message?   그들이 메시지를 남기지 않았니?
    B: Yes, they _____ . They _____ · 응, 그랬어. 그들이 메시지를 남겼어.

4. A: Didn't he buy a laptop computer?   그는 노트북 컴퓨터를 사지 않았니?
    B: Yes, he _____ . He _____ · 응, 그랬어. 그는 노트북 컴퓨터를 샀어.

 소화제 투입

필수 단어 take a shower 샤워하다 surf the Internet 인터넷을 검색하다 leave a message 메시지를 남기다 laptop computer 노트북

의문문으로 전환

1. I saw it. ➡ _____ it?

2. You passed it. ➡ _____ it?

3. He knew it. ➡ _____ it?

4. She loved it. ➡ _____ it?

5. It smelled it. ➡ _____ it?

6. They tasted it. ➡ _____ it?

7. We bought it. ➡ _____ it?

부정문으로 전환

8. I saw it. ➡ _____ it.

9. You passed it. ➡ _____ it.

10. He knew it. ➡ _____ it.

11. She loved it. ➡ _____ it.

12. It smelled it. ➡ _____ it.

13. They tasted it. ➡ _____ it.

14. We bought it. ➡ _____ it.

부정 의문문으로 전환

15. I didn't see it. ➡ _____ it?

16. You didn't pass it. ➡ _____ it?

17. He didn't know it. ➡ _____ it?

18. She didn't love it. ➡ _____ it?

19. It didn't smell it. ➡ _____ it?

20. They didn't taste it. ➡ _____ it?

21. We didn't buy it. ➡ _____ it?

4CC로 총정리

일반동사 과거 긍정문	과거 의문문	과거 부정문	과거 부정 의문문
22. _____ it. 나는 그것을 봤다(saw).	_____ it? 나는 그것을 봤니?	_____ it. 나는 그것을 안 봤다.	_____ it? 나는 그것을 안 봤니?
23. _____ it. 나는 그것을 샀다(bought)	_____ it? 나는 그것을 샀니?	_____ it. 나는 그것을 안 샀다.	_____ it? 나는 그것을 안 샀니?
24. _____ it. 나는 그것을 먹었다(ate).	_____ it? 나는 그것을 먹었니?	_____ it. 나는 그것을 안 먹었다.	_____ it? 나는 그것을 안 먹었니?
25. _____ it. 나는 그것을 지나갔다(passed)	_____ it? 나는 그것을 지나갔니?	_____ it. 나는 그것을 안 지나갔다.	_____ it? 나는 그것을 안 지나갔니?

22 be동사의 현재와 과거 — "그랬다, 그랬냐?, 안 그랬다, 안 그랬냐?"

He was skinny.
총각일 때

Was he on the track?

He wasn't married.

Wasn't he free?

He is overweight.
아저씨일 때

Is he in the sofa?

He isn't single.

Isn't he happy?

보통 걸터앉을 때는 on을, 푹 들어가게 앉을 때는 in을 써.

지금까지 일반동사의 4CC를 연습했어. 앞으로 만나게 될 영문법에 나오는 문장은 모두 4개의 기본 문장을 전환시킨 것들이야. 이렇게 문장을 자유자재로 바꿀 수 있으면 앞으로 어떤 문장이 나와도 걱정 없어. 7과에서 be동사 현재형의 4CC 배운 거 기억나지? 이번에는 be동사 현재형과 더불어 be동사 과거형의 4CC를 배울 거야. 이번 과의 문장들이 입에서 바로바로 튀어나오면 이 책의 1권은 총정리한 거나 마찬가지야.

 아래의 문장을 보고 해당하는 내용에 ○표 하세요.

1. He was skinny.   (과거, 현재) (긍정문, 부정문) (평서문, 의문문)   그는 날씬했다.

2. Is he in the sofa?   (과거, 현재) (긍정문, 부정문) (평서문, 의문문)   그는 소파에 있니?

3. He wasn't married.   (과거, 현재) (긍정문, 부정문) (평서문, 의문문)   그는 결혼하지 않았다.

4. Wasn't he free?   (과거, 현재) (긍정문, 부정문) (평서문, 의문문)   그는 자유롭지 않니?

5. He isn't single.   (과거, 현재) (긍정문, 부정문) (평서문, 의문문)   그는 혼자가 아니다.

정답 1. 과거, 긍정문, 평서문 2. 현재, 긍정문, 의문문 3. 과거, 부정문, 평서문 4. 과거, 부정문, 의문문 5. 현재, 부정문, 평서문

129

be동사 과거의 4CC - "그랬다, 그랬냐?, 안 그랬다, 안 그랬냐?"

■ be동사의 축약형

be동사의 현재형은 am, are, is, 과거형은 was, were라는 거 알고 있지? 그리고 축약할 때는 생략 부호인 '(어퍼스트로피)를 사용한다는 것도 꼭 기억해 둬.

> 축약형의 스펠링을 헷갈리는 사람이 많아. wasn't든 weren't든 'not'의 'o'가 올라가서 어퍼스트로피(')로 바뀐 거야. 글자를 줄이려고 한 게 아니라 발음을 빨리 하려고 줄인 거지.

현재				과거	
긍정문 축약형		**부정문 축약형**		**부정문 축약형**	
I am	= I'm	I am not	= I'm not	I was not	= I wasn't
you are	= you're	you are not	= you aren't	you were not	= you weren't
he / she / it is	= he /she / it's	he / she / it is not	= he / she / it's not	he / she / it was not	= he / she / it wasn't
we are	= we're	we are not	= we aren't	we were not	= we weren't
they are	= they're	they are not	= they aren't	they were not	= they weren't

 인칭 대명사 you는 2인칭 단수로 '너는'이라는 뜻 외에 2인칭 복수로 '너희들은'이라는 뜻으로도 사용돼.

■ be동사의 현재와 과거의 4CC

I am OK.의 현재형 4CC는 "난 괜찮아. 난 괜찮은가? 난 안 괜찮아. 난 안 괜찮은가?"이고, 과거형 4CC는 "난 괜찮았어. 난 괜찮았나? 난 안 괜찮았어. 난 안 괜찮았나?"야. 이제 인칭별로 보며 빈칸을 채워 보자. be동사의 의문문은 동사만 앞으로 보내는 거 알지? 과거형도 마찬가지야. 'Am not I'의 축약형은 Aren't I! 이 축약형은 시험에는 안 나오지만 회화를 위해 알아 둬.

	be동사 현재의 4CC - "기다, 기냐? 아니다, 아니냐?"			
	긍정 평서문(기다)	긍정 의문문(기냐?)	부정 평서문(아니다)	부정 의문문(아니냐?)
I	I am OK.	Am I OK?	I'm not OK.	Aren't I OK?
you	You are OK	Are you OK?	You aren't OK.	1
he	He is OK.	Is he OK?	2	Isn't he OK?
she	She is OK.	3	She isn't OK.	Isn't she OK?
it	It is OK.	Is it OK?	4	Isn't it OK?
we	We are OK.	Are we OK?	We aren't OK.	5
they	They are OK.	6	They aren't OK.	Aren't they OK?

	be동사 과거의 4CC - "그랬다, 그랬냐?, 안 그랬다, 안 그랬냐?"			
	긍정 평서문(그랬다)	긍정 의문문(그랬냐?)	부정 평서문(안 그랬다)	부정 의문문(안 그랬냐?)
I	I was OK.	Was I OK?	I wasn't OK.	Wasn't I OK?
you	You were OK.	Were you OK?	7	Weren't you OK?
he	He was OK.	Was he OK?	He wasn't OK.	8
she	She was OK.	Was she OK?	She wasn't OK.	Wasn't she OK?
it	It was OK.	Was it OK?	It wasn't OK.	Wasn't it OK?
we	We were OK.	9	We weren't OK.	10
they	They were OK.	Were they OK?	They weren't OK.	Weren't they OK?

정답 1. Aren't you OK? 2. He isn't OK. 3. Is she OK? 4. It isn't OK. 5. Aren't we OK? 6. Are they OK? 7. You weren't OK? 8. Wasn't he OK? 9. Were we OK? 10. Weren't we OK?

■ be동사의 해석이 '~이 있다'이면 1형식, '~이다'이면 2형식!

헷갈리는 be동사의 문장과 형식을 다시 한 번 정리해 보자.

1. 1형식: ~이 있다(완전 자동사) ― 「S + V + 장소를 나타내는 부사(구)」

보어 없이 be동사만으로 문장이 성립하기 때문에 여기에 be동사는 완전 자동사야.

He is **at school now**. 그는 지금 학교에 있다.
　　　　└── 수식어구

Jim and I are in the same class. 짐과 나는 같은 반에 있다.
　　　└── 주어가 두 사람 이상이면(문법 용어로 복수) 우리(We)니까 are, 과거형은 were로 써.

주의! '~에 ~이 있다'라는 뜻의 「There + be동사 + 주어 + 장소를 나타내는 부사(구)~」구문도 1형식이야.

여기에서 there는 해석할 필요가 없어. be동사 뒤에 나오는 주어가 단수이면 is나 was를 쓰고, 복수이면 are나 were를 써야 해.

There _____¹ always many boys around Susie. 수지 주변엔 언제나 많은 남자애들이 있다. (현재)
There _____² a party at my house last night. 어젯밤 우리 집에서 파티가 있었다. (과거)

정답 1. are 2. was

2. 2형식: ~이다(불완전 자동사) ― 「S + V + C(명사, 형용사)」

be동사 다음에 명사나 형용사가 오면, '~이다'라고 해석되는 2형식 문장이야.

　　　　　　　┌── 보어로 명사가 온 경우.
My father is **an actor**. 우리 아버지는 배우이다.
　　　　　　　┌── 보어로 형용사가 온 경우.
Children are **amazing**. 어린이들은 놀랍다.

The stores were**n't open yesterday**. 그 가게들은 어제 문을 안 열었다.
　　　　　　└── 여기서 open은 동사가 아닌 형용사야.

be동사가 있는 문장의 형식을 쉽게 외우는 방식이 있어. 발음으로 외우면 돼.
'이다'니까 2형식.

해당하는 곳에 ○표하고, 밑줄 친 부분에 알맞은 be동사를 〈보기〉에서 찾아 쓰세요.

보기 | am, are, is, was, were, am not, aren't, isn't, wasn't, weren't

	주어의 인칭	주어의 수	시제	be동사
1. 나는 어제 도서관에 **없었다**.	1인칭, 2인칭, 3인칭	단수, 복수	과거, 현재	wasn't
2. 톰의 생일은 오늘이 **아니다**.	1인칭, 2인칭, 3인칭	단수, 복수	과거, 현재	
3. 우리 할아버지는 **수의사였다**.	1인칭, 2인칭, 3인칭	단수, 복수	과거, 현재	
4. 너는 11살이니?	1인칭, 2인칭, 3인칭	단수, 복수	과거, 현재	
5. 우리 집에는 강아지들이 **있었다**.	1인칭, 2인칭, 3인칭	단수, 복수	과거, 현재	

부정문은 축약형으로 쓰세요.

1. He was an actor.
그는 배우였다.
➡ _____ an actor?
그는 배우였니?

➡ _____ an actor.
그는 배우가 아니었다.
➡ _____ an actor?
그는 배우가 아니었니?

2. She is a cook.
그녀는 요리사이다.
➡ _____ a cook?
그녀는 요리사니?

➡ _____ a cook.
그녀는 요리사가 아니다.
➡ _____ a cook?
그녀는 요리사가 아니니?

3. Your dogs were fat.
너의 개들은 뚱뚱했다.
➡ _____ fat?
너의 개들은 뚱뚱했니?

➡ _____ fat.
너의 개들은 안 뚱뚱했다.
➡ _____ fat?
너의 개들은 안 뚱뚱했니?

4. London is in England.
런던은 영국에 있다.
➡ _____ in England?
런던은 영국에 있니?

➡ _____ in England.
런던은 영국에 없다.
➡ _____ in England?
런던은 영국에 없니?

5. You were 15 years old.
너는 15살이었다.
➡ _____ 15 years old?
너는 15살이었니?

➡ _____ 15 years old.
너는 15살이 아니었다.
➡ _____ 15 years old?
너는 15살이 아니었니?

6. My phone was in your bag.
내 전화기가 네 가방에 있었다.
➡ _____ in your bag?
내 전화기가 네 가방에 있었니?

➡ _____ in your bag.
내 전화기는 네 가방에 없었다
➡ _____ in your bag?
내 전화기가 네 가방에 없었니?

7. The stores are open today.
그 가게들은 오늘 연다.
➡ _____ open today?
그 가게들은 오늘 여니?

➡ _____ open today.
그 가게들은 오늘 안 연다.
➡ _____ open today?
그 가게들은 오늘 안 여니?

8. I am afraid of cats.
나는 고양이들을 무서워한다.
➡ _____ afraid of cats?
나는 고양이들을 무서워하니?

➡ _____ afraid of cats.
나는 고양이들을 안 무서워한다.
➡ _____ afraid of cats?
나는 고양이들을 안 무서워하니?

Mat and I _____ [1] good friends. We _____ [2] born in 1995.
매트와 나는 좋은 친구다. 우리는 1995년에 태어났다.

Mat _____ [3] in Australia last year. His family and friends _____ [4] in Australia now.
매트는 작년에 오스트레일리아에 있었다. 그의 가족과 친구들은 지금 오스트레일리아에 있다.

_____ [5] his Korean good? No, it _____ [6] . But he _____ [7] nice and kind.
그의 한국어 실력은 좋은가요? 아니, 그렇지 않다. 그러나 그는 좋은 사람이고 친절하다.

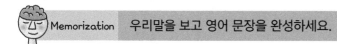

부정문은 축약형으로 쓰세요.

be동사 현재의 4CC

1. I am OK.　　　　Am I OK?　　　　I'm not OK.　　　　Aren't I OK?

　나는 괜찮다.　　　나는 괜찮니?　　　　나는 안 괜찮다.　　　　나는 안 괜찮니?

2.

　너는 괜찮다.　　　너는 괜찮니?　　　　너는 안 괜찮다.　　　　너는 안 괜찮니?

3.

　그는 괜찮다.　　　그는 괜찮니?　　　　그는 안 괜찮다.　　　　그는 안 괜찮니?

4.

　그녀는 괜찮다.　　그녀는 괜찮니?　　　그녀는 안 괜찮다.　　　그녀는 안 괜찮니?

5.

　그것은 괜찮다.　　그것은 괜찮니?　　　그것은 안 괜찮다.　　　그것은 안 괜찮니?

6.

　그들은 괜찮다.　　그들은 괜찮니?　　　그들은 안 괜찮다.　　　그들은 안 괜찮니?

7.

　우리는 괜찮다.　　우리는 괜찮니?　　　우리는 안 괜찮다.　　　우리는 안 괜찮니?

be동사 과거의 4CC

8. I was OK.　　　　Was I OK?　　　　I wasn't OK.　　　　Wasn't I OK?

　나는 괜찮았다.　　나는 괜찮았니?　　　나는 안 괜찮았다.　　　나는 안 괜찮았니?

9.

　너는 괜찮았다.　　너는 괜찮았니?　　　너는 안 괜찮았다.　　　너는 안 괜찮았니?

10.

　그는 괜찮았다.　　그는 괜찮았니?　　　그는 안 괜찮았다.　　　그는 안 괜찮았니?

11.

　그녀는 괜찮았다.　그녀는 괜찮았니?　　그녀는 안 괜찮았다.　　그녀는 안 괜찮았니?

12.

　그것은 괜찮았다.　그것은 괜찮았니?　　그것은 안 괜찮았다.　　그것은 안 괜찮았니?

13.

　그들은 괜찮았다.　그들은 괜찮았니?　　그들은 안 괜찮았다.　　그들은 안 괜찮았니?

14.

　우리는 괜찮았다.　우리는 괜찮았니?　　우리는 안 괜찮았다.　　우리는 안 괜찮았니?

복습 20~22과

일반동사와 be동사 문장 전환 총정리

빈칸을 채워 표를 완성하세요!

20 일반동사의 부정과 부정 의문   "한다, 하냐?, 안 한다, 안 하냐?"

긍정 평서문(한다)	긍정 의문문(하냐?)	부정 평서문(안 한다)	부정 의문문(안 하냐?)
I write it.	Do I write it?	I don't write it.	Don't I write it?
You eat it.	¹	You don't eat it.	²
He likes it.	Does he like it?	He doesn't like it.	Doesn't he like it?
She looks at it.	Does she look at it?	³	Doesn't she look at it?
It laughs.	Does it laugh?	It doesn't laugh.	Doesn't it laugh?
We stop.	⁴	We don't stop.	Don't we stop?
They hope so.	Do they hope so?	They don't hope so.	⁵

21 일반동사 과거의 부정과 부정 의문   "했다, 했냐? 안 했다, 안 했냐?"

긍정 평서문(했다)	긍정 의문문(했냐?)	부정 평서문(안 했다)	부정 의문문(안 했냐?)
I saw it.	Did I see it?	I didn't see it.	Didn't I see it?
You passed it.	Did you pass it?	You ____¹ pass it.	² you pass it?
He knew it.	Did he know it?	He didn't know it.	Didn't he know it?
She loved it.	Did she love it?	She ____³ it.	⁴
It smelled it.	Did it smell it?	It didn't smell it.	Didn't it smell it?
We bought it.	Did we buy it?	We ____⁵ it.	Didn't we buy it?
They tasted it.	Did they taste it?	They didn't taste it.	⁶

22 be동사의 현재와 과거   "그랬다, 그랬냐?, 안 그랬다, 안 그랬냐?"

현재형 긍정 평서문(기다)	긍정 의문문(기냐?)	부정 평서문(아니다)	부정 의문문(아니냐?)
I am OK.	Am I OK?	I'm not OK.	Aren't I OK?
You are OK.	Are you OK?	You aren't OK.	¹
He is OK.	Is he OK?	²	Isn't he OK?
We are OK.	Are we OK?	We aren't OK.	Aren't we OK?
They are OK.	³	They aren't OK.	Aren't they OK?

과거형 긍정 평서문(그랬다)	긍정 의문문(그랬냐?)	부정 평서문(안 그랬다)	부정 의문문(안 그랬냐?)
I was OK.	Was I OK?	I wasn't OK.	Wasn't I OK?
You were OK.	Were you OK?	⁴	Weren't you OK?
It was OK.	Was it OK?	It wasn't OK.	⁵
We were OK.	⁶	We weren't OK.	⁷
They were OK.	Were they OK?	They weren't OK.	Weren't they OK?

134

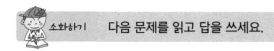
1 다음 문장을 긍정 의문문, 부정문, 부정 의문문으로 바꾸세요(부정문은 축약형으로 쓰세요).

1. It was warm yesterday.
   어제는 따뜻했다.

   ➡ _____ warm yesterday.
   어제는 안 따뜻했다.

   ➡ _____ warm yesterday?
   어제는 따뜻했니?

   ➡ _____ warm yesterday?
   어제는 안 따뜻했니?

2. Your hands are cold.
   너의 손은 차갑다.

   ➡ _____ cold.
   너의 손은 안 차갑다.

   ➡ _____ cold?
   너의 손은 차갑니?

   ➡ _____ cold?
   너의 손은 안 차갑니?

3. He laughed loudly.
   그는 큰 소리로 웃었다.

   ➡ _____ loudly.
   그는 큰 소리로 안 웃었다.

   ➡ _____ loudly?
   그는 큰 소리로 웃었니?

   ➡ _____ loudly?
   그는 큰 소리로 안 웃었니?

4. Your shoes were dirty.
   너의 신발은 더러웠다.

   ➡ _____ dirty.
   너의 신발은 안 더러웠다.

   ➡ _____ dirty?
   너의 신발은 더러웠니?

   ➡ _____ dirty?
   너의 신발은 안 더러웠니?

5. She looks at my pictures.
   그녀는 내 사진을 봤다.

   ➡ _____ at my pictures.
   그녀는 내 사진을 안 봤다.

   ➡ _____ at my pictures?
   그녀는 내 사진을 봤니?

   ➡ _____ at my pictures?
   그녀는 내 사진을 안 봤니?

6. Indian food tastes good.
   인도 음식은 맛이 있다.

   ➡ _____ good.
   인도 음식은 맛이 없다.

   ➡ _____ good?
   인도 음식은 맛이 있니?

   ➡ _____ good?
   인도 음식은 맛이 없니?

7. We eat out every Saturday.
   '외식하다'라는 뜻.
   우리는 매주 토요일에 외식한다.

   ➡ _____ every Saturday.
   우리는 매주 토요일에 외식 안 한다.

   ➡ _____ every Saturday?
   우리는 매주 토요일에 외식하니?

   ➡ _____ every Saturday?
   우리는 매주 토요일에 외식 안 하니?

8. She knows all our names.
   그녀는 우리 모두의 이름을 안다.

   ➡ _____ all our names.
   그녀는 우리 모두의 이름을 모른다.

   ➡ _____ all our names?
   그녀는 우리 모두의 이름을 아니?

   ➡ _____ all our names?
   그녀는 우리 모두의 이름을 모르니?

9. You passed the math test.
   너는 그 수학 시험을 통과했다.

   ➡ _____ the math test.
   너는 그 수학 시험을 통과하지 못 했다.

   ➡ _____ the math test?
   너는 그 수학 시험을 통과했니?

   ➡ _____ the math test?
   너는 그 수학 시험을 통과하지 못 했니?

10. My parents bought me a pet.
    나의 부모님이 나에게 애완동물을 사 줬다.

    ➡ _____ me a pet.
    나의 부모님이 나에게 애완동물을 안 사 줬다.

    ➡ _____ me a pet?
    나의 부모님이 나에게 애완동물을 사 줬니?

    ➡ _____ me a pet?
    나의 부모님이 나에게 애완동물을 안 사 줬니?

2 be동사의 긍정 의문문에 보기와 같이 답하세요(부정문은 축약형으로 쓰세요).

보기 | A: Was the boy clever?   그 소년은 현명했니?
      B: Yes, he was. He was very clever.   응, 그랬어. 그는 매우 현명했어.
      No, he wasn't. He wasn't clever.   아니, 안 그랬어. 그는 현명하지 않았어.

1. A: Is it cloudy?   날씨가 흐리니?

    B: Yes, _____ . _____ cloudy.   응, 그래. 날씨가 흐려.

    No, _____ . _____ cloudy.   아니, 안 그래. 날씨가 흐리지 않아.

2. A: Was she late for school?   그녀는 학교에 늦었니?

    B: Yes, _____ . _____ late for school.   응, 그랬어. 그녀는 학교에 늦었어.

    No, _____ . _____ late for school.   아니, 안 그랬어. 그녀는 학교에 늦지 않았어.

3. A: Were the apples delicious?   그 사과들은 맛있었니?

    B: Yes, _____ . _____ delicious.   응, 그랬어. 그것들은 맛있었어.

    No, _____ . _____ delicious.   아니, 안 그랬어. 그것들은 맛이 없었어.

4. A: Is your bag heavy?   네 가방은 무겁니?

    B: Yes, _____ . _____ heavy.   응, 그래. 그것은 무거워.

    No, _____ . _____ heavy.   아니, 안 그래. 그것은 안 무거워.

5. A: Were you busy yesterday?   너는 어제 바빴니?

    B; Yes, _____ . _____ busy yesterday.   응, 그랬어. 나는 어제 바빴어.

    No, _____ . _____ busy yesterday.   아니, 안 그랬어. 나는 어제 안 바빴어.

6. A: Is she nervous now?   그녀는 지금 긴장하니?

    B: Yes, _____ . _____ nervous now.   응, 그래. 그녀는 지금 긴장해.

    No, _____ . _____ nervous now.   아니, 안 그래. 그녀는 지금 긴장하지 않아.

7. A: Is he interested in music?   그는 음악에 관심이 있니?

    B: Yes, _____ . _____ interested in music.   응, 그래. 그는 음악에 관심이 있어.

    No, _____ . _____ interested in music.   아니, 안 그래. 그는 음악에 관심이 없어.

8. A: Were they afraid of snakes?   그들은 뱀을 무서워했니?

    B: Yes, _____ . _____ afraid of snakes.   응, 그랬어. 그들은 뱀을 무서워했어.

    No, _____ . _____ afraid of snakes.   아니, 안 그랬어. 그들은 뱀을 안 무서워했어.

9. A: Are you happy to see me? ── happy to+동사원형: ~해서 기쁘다   너는 나를 만나서 기쁘니?

    B: Yes, _____ . _____ happy to see you.   응, 그래. 나는 너를 만나서 기뻐.

    No, _____ . _____ happy to see you.   아니, 안 그래. 나는 너를 만나서 기쁘지 않아.

10. A: Is Tim tired these days?   팀은 요즘 피곤하니?

    B: Yes, _____ . _____ tired these days.   응, 그래. 그는 요즘 피곤해.

    No, _____ . _____ tired these days.   아니, 안 그래. 그는 요즘 피곤하지 않아.

3 일반동사의 부정 의문문에 보기와 같이 답하세요.

보기 | A: Doesn't it smell good?   그것은 좋은 냄새가 나지 않니?
B: Yes, it does. It smells good.   응, 그래. 그것은 좋은 냄새가 나.
No, it doesn't. It doesn't smell good.   아니, 안 그래. 그것은 좋은 냄새가 안 나.

1. A: Didn't you go to school today?   너 오늘 학교 안 갔니?

    B: Yes, _____. _____ to school today.   응, 그랬어. 나는 학교에 갔어.

    No, _____. _____ to school today.   아니, 안 그랬어. 나는 학교에 안 갔어.

2. A: Didn't you read it?   너는 그것을 안 읽었니?

    B: Yes, _____. _____ it.   응, 그랬어. 나는 그것을 읽었어.

    No, _____. _____ it.   아니, 안 그랬어. 나는 그것을 안 읽었어.

3. A: Didn't Elvis become popular?   엘비스는 인기 있지 않았니?

    B: Yes, _____. _____ popular.   응, 그랬어. 그는 인기 있었어.

    No, _____. _____ popular.   아니, 안 그랬어. 그는 인기 있지 않았어.

4. A: Doesn't he look handsome?   그는 잘 생기지 않았니?

    B: Yes, _____. _____ handsome.   응, 그래. 그는 잘 생겼어.

    No, _____. _____ handsome.   아니, 안 그래. 그는 못생겼어.

5. A: Don't you get up early?   너는 일찍 일어나지 않니?

    B: Yes, _____. _____ early.   응, 그래. 나는 일찍 일어나.

    No, _____. _____ early.   아니, 안 그래. 나는 일찍 안 일어나.

6. A: Doesn't Mrs. Smith teach them English?   스미스 여사는 그들에게 영어를 가르치지 않니?

    B: Yes, _____. _____ them English.   응, 그래. 그녀는 그들에게 영어를 가르쳐.

    No, _____. _____ them English.   아니, 안 그래. 그녀는 그들에게 영어를 안 가르쳐.

7. A: Didn't she do you a favor?   그녀가 너에게 도움을 주지 않았니?

    B: Yes, _____. _____ me a favor.   응, 그랬어. 그녀는 나에게 도움을 줬어.

    No, _____. _____ me a favor.   아니, 안 그랬어. 그녀는 나에게 도움을 안 줬어.

8. A: Don't you do your homework?   너는 숙제를 안 하니?

    B: Yes, _____. _____ my homework.   응, 그래. 나는 숙제를 해.

    No, _____. _____ my homework.   아니, 안 그래. 나는 숙제를 안 해.

9. A: Didn't we download the movie?   우리는 그 영화를 다운받지 않았니?

    B: Yes, _____. _____ the movie.   응, 그랬어. 우리는 그 영화를 다운받았어.

    No, _____. _____ the movie.   아니, 안 그랬어. 우리는 그 영화를 다운받지 않았어.

10. A: Don't they want to be slim?   그들은 날씬해지기를 원치 않니?

    B: Yes, _____. _____ to be slim.   응, 그래. 그들은 날씬해지기를 원해.

    No, _____. _____ to be slim.   아니, 안 그래. 그들은 날씬해지기를 원치 않아.

표로 정리하는 문장의 5형식과 동사의 종류

문장의 5형식

문장의 형식	동사의 종류	대표 문장	품사
1형식 주어 + 술어(S + V)	완전 자동사	Two birds fly.	술어가 될 수 있는 품사: 동사
2형식 주어 + 술어 + 보어(S + V + C)	불완전 자동사	Sam is a teacher. Mom is tired.	주격 보어가 될 수 있는 품사: 명사, 형용사
3형식 주어 + 술어 + 목적어(S + V + O)	완전 타동사	You hate dogs.	목적어가 될 수 있는 품사: 명사, 대명사
4형식 주어 + 술어 + 간접 목적어 + 직접 목적어 (S + V + IO + DO)	수여동사	I give her flowers. I made him the toy.	
5형식 주어 + 술어 + 목적어 + 목적 보어 (S + V + O + OC)	불완전 타동사	You see him cook. He makes me happy.	목적 보어가 될 수 있는 품사: 동사, 명사, 형용사

꼭 외워야 할 동사의 종류

동사의 종류	대표 동사	예문
1형식 동사인 완전 자동사	go, die, sit, stay, run, sleep, swim, wait, stand, live, agree, arrive, fall, rise, happen, laugh	He sleeps soundly. He runs in the park.
2형식 동사인 불완전 자동사	be동사: am, are, is '되다' 동사류: become, get, grow, go, turn '느껴지다' 동사류: sound, smell, taste, feel, look, seem, appear	Sam is handsome. Sam gets tired. Sam sounds angry. Sam seems ill.
3형식 동사인 완전 타동사	pass, pay, play, promise, read, sing, teach, take care of, tell, write	I tell the truth. He plays golf.
4형식 동사인 수여동사	give, lend, send, teach, show, tell, write, pay, bring, sell, buy, do, ask, find, get, make, cook	I give Tim my heart. He sends me flowers.
5형식 동사인 불완전 타동사	지각동사: feel, hear, see, smell, watch 사역동사: let, help, have, make 기타동사 1: keep, find, call, make, turn, elect 기타동사 2: want, tell, ask, get allow, encourage	I feel the baby move. I let him study music. I call him a star. She wanted him to study hard.

정말 수고 많았어!

1권 공부, 끝!

2권으로 고고씽!

138

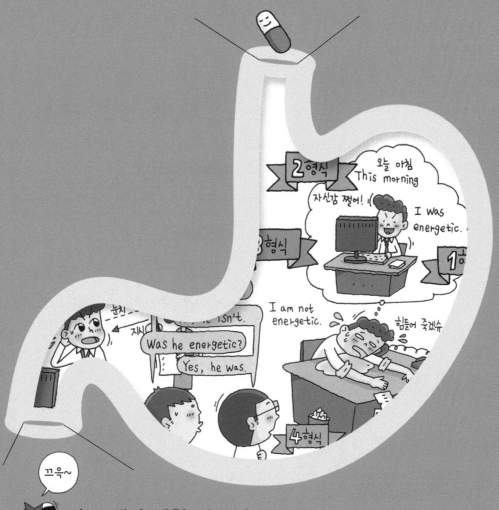

문단열의 중학 영문법 소화제 ① 정답

끄윽~

진도 빼다 체한 영문법
사이다처럼 **뻥** 뚫린다!

01과 8품사 14쪽

우리말로 시작하기

1. 명사 2. 감탄사 3. 형용사, 부사
4. 대명사, 형용사 5. 접속사, 동사

영어로 해보기 1

1. 명사 2. 동사 3. 명사 4. 동사 5. 동사 6. 전치사 7. 동사
8. 형용사 9. 형용사 10. 동사 11. 부사 12. 형용사 13. 부사
14. 전치사 15. 대명사 16. 감탄사 17. 대명사 18. 대명사
19. 접속사 20. 부사 21. 형용사 22. 접속사 23. 대명사
24. 동사 25. 접속사 26. 명사 27. 감탄사

영어로 해보기 2

1. 동사, 전치사 2. 명사, 명사 3. 대명사, 동사
4. 동사, 명사 5. 대명사, 명사

Memorization

1. I run fast in the park.
2. Jane became president.
3. They hate kimchi.
4. We give them flowers.
5. You hear John sing.

그림으로 기억하기

작명가 집안: park, family, water / 예술가 집안: tough, soft, tired / 오바맨 집안: oh, oops / 귀차니스트 집안: she, it, we / 행동가 집안: run, become / 신하 집안: very, much, really / 액세서리 집안: on, up / 접착제 집안: and, but therefore

02과 문장 구성 5요소 19쪽

우리말로 시작하기

1. 수식어, 부사 2. 보어, 명사 3. 목적어, 명사
4. 술어, 동사 5. 주어, 대명사 6. 수식어, 부사

영어로 해보기

1. 술어, 동사 2. 주어, 대명사 3. 목적어, 명사 4. 보어, 명사
5. 보어, 형용사 6. 수식어, 형용사 7. 수식어, 부사 8. 주어, 명사
9. 수식어, 부사 10. 술어, 동사 11. 술어, 동사 12. 수식어, 형용사
13. 수식어, 부사 14. 목적어, 대명사 15. 보어, 동사

Memorization

1. People walk.
2. They are singers.
3. I love crocs.
4. She gave me a present.
5. I see Julie dance.

그림으로 기억하기

주어: They, We / 보어: singers / 목적어: crocs / 술어: are, love / 수식어: very much

03과 문장의 5형식(1, 2, 3형식) 24쪽

우리말로 시작하기

1. 자동사 2. 자동사 3. 타동사 4. 자동사 5. 타동사 6. 자동사

영어로 해보기

1. I am lonely. (2형식)
   S V C
2. My boyfriend is a rapper. (2형식)
        S   (V) (C)
3. The butterfly flies. (1형식)
        S   (V)
4. Max looks cool. (2형식)
   (S) V (C)
5. I want pizza. (3형식)
   S (V) O
6. The water flows fast. (1형식)
      (S)   (V)
7. I take a shower. (3형식)
   (S) (V)   (O)
8. I see ghosts. (3형식)
   (S)(V) (O)

9. He became a doctor. (2형식)

(S)　　(V)　　　(C)

10. He likes a doctor. (3형식)

(S)　　(V)　　(O)

11. The sun rises at 5 o'clock. (1형식)

(S)　　　(V)

12. Ken hates spicy food. (3형식)

(S)　　(V)　　　(O)

13. He has long hair. (3형식)

(S)　　(V)　　(O)

14. My sister and I sleep well. (1형식)

(S)　　　　(V)

Memorization

1. The sparrow flies. (1형식)

2. The river flows. (1형식)

3. Jane sleeps. (1형식)

4. Sam is a teacher. (2형식)

5. Jean became a doctor. (2형식)

6. You look wonderful. (2형식)

7. You hate dogs. (3형식)

8. I have a problem. (3형식)

9. They take notes. (3형식)

그림으로 기억하기

1형식: 주어 + (술어)

2형식: S + (V)+ C　➡　(주어) + 술어 + (보어)

3형식: S + V + (O)　➡　(주어) + (술어) + (목적어)

 04과　문장의 5형식(4, 5형식)　　29쪽

우리말로 시작하기

1. 4형식, 수여동사　2. 5형식, 불완전 타동사

3. 5형식, 불완전 타동사　4. 4형식, 수여동사

5. 5형식, 불완전 타동사　6. 4형식, 수여동사

영어로 해보기

1. He brings me books. (4형식)

S　V　IO　DO

2. I heard you cry. (5형식)

S　V　O　OC

3. Jessica gave him a kiss. (4형식)

S　　V　(IO)　(DO)

4. She sends me money. (4형식)

S　V　(IO)　(DO)

5 I see you smile. (5형식)

S　V　(O)　(OC)

6. He buys me an iPad. (4형식)

S　(V)　(IO)　(DO)

7. I heard them fight. (5형식)

S　(V)　(O)　(OC)

8. Nancy tells us her secret. (4형식)

S　　(V)(IO)　　(DO)

9. She makes us pancakes. (4형식)

S　　(V)　(IO)　(DO)

10. She makes us sad. (5형식)

S　　(V)　(O)(OC)

11. Paul writes her letters. (4형식)

S　(V)　(IO)　(DO)

12. He asks her questions. (4형식)

S　(V)　(IO)　　(DO)

13. The nature teaches me music. (4형식)

S　　　(V)　(IO)　(DO)

14. I feel him breathe. (5형식)

(S)　(V)　(O)　　(OC)

15. We elected her president. (5형식)

(S)　(V)　(O)　　(OC)

Memorization

1. You bring me flowers. (4형식)

2. She gave you a headache. (4형식)

3. Dad sends me tickets. (4형식)

4. You see him cook. (5형식)

5. I heard you sing. (5형식)

6. You feel the baby move. (5형식)

그림으로 기억하기

1. 4형식: 주어 + 술어 + (간접 목적어) + (직접 목적어), (수여)동사

2. 5형식: 주어 + 술어 + (목적어)+ (목적 보어), (불완전) 타동사

 **05과 구와 절 1** 34쪽

우리말로 시작하기

1. 구 2. 구 3. 절 4. 구 5. 구 6. 단어

영어로 해보기

1. My sister is very tired. (형용사구) (보어구) (2형식)
     S   (C)

2. My friend and I became nurses. (명사구) (주어구) (2형식)
       (S)   V   C

3. I often fall down. (동사구) (술어구) (1형식)
  S 수식어   (V)

4. The angry bird flies away. (동사구) (술어구) (1형식)
      S   (V)

5. We are hungry right now. (부사구) (수식어구) (2형식)
   S V   C   (수식어구)

6. I study at night. (부사구) (수식어구) (1형식)
   S V (수식어구)

7. You look so wonderful. (형용사구) (보어구) (2형식)
   S V   (C)

8. She smells so good. (형용사구) (보어구) (2형식)
   S V   (C)

9. Mike is my old friend. (명사구) (보어구) (2형식)
   S V   (C)

10. You talk too fast. (부사구) (수식어구) (1형식)
    S V (수식어구)

11. All the members are handsome. (명사구) (주어구) (2형식)
      (S)   V   C

12. Spring is my favorite season. (명사구) (보어구) (2형식)
   S V   (C)

13. We sit on the bench. (부사구) (수식어구) (1형식)
   S V (수식어구)

14. My brother jogs every day. (명사구) (주어구) (1형식)
    (S)   V 수식어구

Memorization

1. Two birds fly. (1형식)

2. Two birds fly away. (1형식)

3. Two big birds fly away very fast. (1형식)

4. Mom is tired. (2형식)

5. Mom and dad are very tired. (2형식)

6. Mom and dad are very tired right now. (2형식)

그림으로 기억하기

1. 주어구 2. 주어구 3. 수식어구 4. 보어구

 **06과 구와 절 2** 39쪽

우리말로 시작하기

1. 주어구 2. 직접 목적어구 3. 목적어구 4. 목적 보어구
5. 간접 목적어구 6. 목적어구

영어로 해보기

1. 4형식, 술어구 2. 5형식, 목적어구 3. 3형식, 목적어구
4. 3형식, 목적어구 5. 5형식, 목적어구 6. 4형식, 직접 목적어구
7. 5형식, 목적 보어구 8. 3형식, 술어구 9. 3형식, 목적어구
10. 4형식, 직접 목적어구 11. 3형식, 수식어구
12. 4형식, 간접 목적어구 13. 5형식, 목적어구
14. 5형식, 목적 보어구 15. 4형식, 직접 목적어구

Memorization

1. You keep it.

2. You and I keep up with it.

3. You and I keep up with the schedule.

4. I send mom a letter.

5. John and I send mom and dad a letter.

6. John and I send up mom and dad a letter and a present.

7. They hear him talk.

8. I and they hear him sing and talk.

9. I and they listen to him sing and talk.

그림으로 기억하기

주어구, 술어구, 목적어구, 목적 보어구, 5형식

 **복습 01~06과** 42쪽

01과 8품사

1. 형용사 2. 부사 3. 감탄사 4. 전치사 5. 대명사 6. 접속사

02과 문장 구성 5요소
1. 대명사 2. 동사 3. 명사 4. 보어 5. 수식어

03과 문장의 5형식(1, 2, 3형식)
1. 보어 2. 불완전 자동사 3. 목적어

04과 문장의 5형식(4, 5형식)
1. 수여동사 2. 목적 보어

05과 구와 절 1
1. 동사 2. 수식어 3. 명사 4. 보어 5. 부사

06과 구와 절 2
1. 동사 2. 명사 3. 명사 4. 직접 목적어 5. 목적 보어 6. 동사

소화하기

1

1. 동사, 주어 2. 명사, 술어 3. 부사, 술어 4. 형용사, 수식어

5. 명사, 목적어 6. 명사, 목적 보어 7. 명사, 간접 목적어

8. 전치사, 주어 9. 접속사, 보어 10. 형용사, 직접 목적어

11. 부사, 목적어 12. 부사, 보어 13. 동사, 목적 보어

14. 대명사, 목적어

2

1. S V IO DO (4형식) 2. S V C (2형식) 3. S V O OC (5형식)

4. S V (1형식) 5. S V IO DO (4형식) 6. S V O (3형식)

7. S V O OC (5형식) 8. S V O (3형식) 9. S V IO DO (4형식)

10. S V O OC (5형식)

3

1. 부사구 (수식어구) 2. 명사구 (보어구) 3. 부사구 (수식어구)

4. 동사구 (술어구) 5. 명사구 (주어구) 6. 명사구 (목적어구)

7. 명사구 (직접 목적어구) 8. 동사구 (목적 보어구)

9. 명사구 (간접 목적어구) 10. 명사구 (목적어구)

 07과 긍정·부정·긍정 의문·부정 의문   49쪽

영어로 해보기

	부정 평서문	긍정 의문문	부정 의문문
1.	He isn't nice.	Is he nice?	Isn't he nice?
2.	He doesn't work.	Does he work?	Doesn't he work?
3.	I'm(I am) not a singer.	Am I a singer?	Aren't I a singer?
4.	It doesn't sleep.	Does it sleep?	Doesn't it sleep?
5.	We don't go to work.	Do we go to work?	Don't we go to work?
6.	She doesn't love coke.	Does she love coke?	Doesn't she love coke?
7.	Paul isn't free.	Is Paul free?	Isn't Paul free?
8.	I don't know you.	Do I know you?	Don't I know you?
9.	They don't like chicken.	Do they like chicken?	Don't they like chicken?
10.	You don't walk fast.	Do you walk fast?	Don't you walk fast?
11.	I don't want water.	Do I want water?	Don't I want water?
12.	Sam isn't a cook.	Is Sam a cook?	Isn't Sam a cook?
13.	We don't speak English.	Do we speak English?	Don't we speak English?
14.	You aren't smart.	Are you smart?	Aren't you smart?
15.	It isn't my job.	Is it my job?	Isn't it my job?

Memorization

1. You are gorgeous.
2. You aren't gorgeous.
3. You work.
4. You don't work.
5. Are you gorgeous?
6. Do you work?
7. Aren't you gorgeous?
8. Don't you work?

그림으로 기억하기

(긍정문) / She isn't gorgeous. (부정문) / Is she gorgeous?
(긍정 의문문) / Isn't she gorgeous? (부정 의문문)

 08과 완전 자동사 53쪽

우리말로 시작하기

1. 완전 자동사 2. 불완전 자동사 3. 완전 자동사
4. 완전 자동사 5. 완전 자동사 6. 불완전 자동사

영어로 해보기

1. arrives 2. live 3. waits 4. goes 5. run 6. costs
7. happens 8. lasts 9. lies 10. sleep 11. rises
12. knocks 13. stay 14. is 15. are

Memorization

1. He sleeps.
2. He sleeps soundly.
3. He sleeps soundly in his bed.
4. He sleeps soundly in his bed at night.
5. He sleeps soundly in his bed at night every day.

그림으로 기억하기

1. arrives 2. sits 3. goes
4. runs 5. swims 6. sleeps

 09과 불완전 자동사 58쪽

우리말로 시작하기

1. 상태 2. 상태의 변화 3. 상태의 변화 4. 상태의 느낌
5. 상태의 느낌 6. 상태

영어로 해보기 1

1. The boy seems happy.
    S   V   C
2. Sam is my brother.
   S (V)   C
3. He becomes a scentist.
   S   V   (C)
4. The tomatoes turn red.
      S   V (C)
5. We are young.
 (S) V   C
6. She goes mad.
 (S) V (C)
7. My father gets tired.
    S   (V) (C)
8. The dogs are smart.
 (S) (V) (C)

영어로 해보기 2

1. feel 2. looks 3. tastes 4. sounds
5. appears 6. seems 7. smell 8. happy

Memorization

1. Sam is OK.
2. Sam becomes a father.
3. Sam gets tired.
4. Sam grew tired more and more.
5. Sam goes mad.
6. Sam's face turns red.
7. Sam sounds angry.
8. Sam smells tired.
9. Sam tastes hungry.
10. Sam feels sick.
11. Sam looks abnormal.
12. Sam seems ill.
13. Sam appears crazy.

그림으로 기억하기

1. am, are, is 2. become, get, grow, go, turn

3. feel, sound, smell, taste, look, seem, appear

10과 타동사

63쪽

우리말로 시작하기

1. 자동사 2. 타동사 3. 타동사 4. 타동사 5. 자동사 6. 자동사

영어로 해보기 1

1. passes 2. pay 3. play 4. promises 5. read

6. sings 7. takes care of 8. teaches 9. tells

영어로 해보기 2

1. 타동사, 3형식 / 자동사, 1형식

2. 자동사, 1형식 / 타동사, 3형식

3. 자동사, 1형식 / 타동사, 3형식

4. 타동사, 3형식 / 자동사, 1형식

5. 자동사, 1형식 / 타동사, 3형식

6. 자동사, 1형식 / 타동사, 3형식

Memorization

1. John passes the exam.

2. He pays the bill.

3. He plays the golf.

4. He promises success.

5. He reads many books.

6. He sings songs.

7. He teaches law.

8. He takes care of his family.

9. He tells the truth.

10. He writes books.

그림으로 기억하기

1. 타동사, 3형식

2. 자동사, 1형식

11과 수여동사 1

68쪽

우리말로 시작하기

1. 수여동사 2. 완전 타동사 3. 수여동사

4. 완전 타동사 5. 수여동사 6. 수여동사

영어로 해보기 1

1. He buys a ring. (완전 타동사) (3형식)
     S   V   O

2. He sends me a card. (수여동사) (4형식)
     S   V   (IO) (DO)

3. I do her a favor. (수여동사) (4형식)
   S V (IO) (DO)

4. They find me the money. (수여동사) (4형식)
     S   V   (IO)   (DO)

5. She tells the truth. (완전 타동사) (3형식)
     S   V   (O)

6. We bring our lunch. (완전 타동사) (3형식)
     S   V   (O)

7. He sells me his book. (수여동사) (4형식)
     S   V (IO) (DO)

8. I get you shoes. (수여동사) (4형식)
   S V (IO) (DO)

9. She shows him her room. (수여동사) (4형식)
     S   V   (IO)   (DO)

10. He teaches music at school. (완전 타동사) (3형식)
      S   V   (O)

영어로 해보기 2

1. I give him my pen. 2. He asks me a favor.

3. I make her a toy. 4. I cook him spaghetti.

5. John lends me his dog. 6. They send us presents.

7. He pays me $10.

Memorization

1. I give Tim my heart.

2. He lends me his cell phone.

3. He sends me flowers.

4. He shows me his notebook.

5. He teaches me math.

6. He tells me his secret.

7. He writes me love letters.

8. He pays me money.

9. He brings me his dog.

10. He sells me the dog.

3형식: (완전) 타동사, 나는 (그 장난감을 만들었다).

4형식: 수여동사, 나는 (그에게 그 장난감을 만들어 주었다).

수여동사 2   73쪽

우리말로 시작하기

1. for   2. to   3. for   4. for   5. to   6. of

영어로 해보기 1

1. I give my bag to her.   2. I find his glasses for him.

3. We ask a question of her.   4. I get water for her.

5. He shows his pictures to me.   6. He brings lunch to her.

7. Mom buys a watch for me.

8. Maria teaches English to children.

영어로 해보기 2

1. She cooks them rice.   2. He pays me $10.

3. We do them a favor.   4. Ben writes his teacher a card.

5. She tells me her story.   6. I send you an email.

7. They sell us hamburgers.   8. We lend them our house.

Memorization

1. He pays money to me.

2. He brings his dog to me.

3. He sells the dog to me.

4. I buy a cat for him.

5. I do a favor for him.

6. I find a four-leaf clover for him.

7. I get a cap for him.

8. I make an origami crane for him.

9. I cook ramen for him.

10. I ask a favor of him.

그림으로 기억하기

1. He gives flowers to me.

2. He does a favor for her.

3. He buys nice dinner for her.

4. He sent love letters to her.

불완전 타동사   78쪽

우리말로 시작하기

1. 3형식   2. 5형식   3. 4형식   4. 3형식   5. 5형식   6. 5형식

영어로 해보기 1

1. move   2. to sing   3. come   4. sad   5. sing

6. to work   7. run   8. study

영어로 해보기 2

1. Mr. Jones helps me study biology.

2. I smell him cook.

3. He helps me study Chinese.

4. They call him a genius.

5. I see her sing and dance.

6. She makes me a teacher.

7. He makes her do it.

8. My dog makes me very happy.

Memorization

1. I let him study music.

2. I help him study English.

3. I have him study biology.

4. I make him study math.

5. I feel the spaghetti come.

6. I hear the spaghetti come.

7. I smell the spaghetti come.

8. I see the spaghetti come.

9. I watch the spaghetti put down.

그림으로 기억하기

1. feels, 2형식   2. feel, 3형식   3. move, 5형식

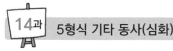
우리말로 시작하기

1. want 2. find 3. call 4. ask 5. encourage

영어로 해보기

1. I find it interesting.
2. She keeps the letter a secret.
3. It makes him healthy.
4. They call me a teacher.
5. It turns my hands cold.
6. We elect him mayor.
7. She wants me to be nice.
8. I want you to work hard.
9. She encourages me to be a doctor.
10. Dad helps me study math.
11. You ask me to be honest.
12. My mother allows me to play games.
13. I get you to get up early.
14. My parents tell me to be a smart boy.

Memorization

1. I keep it a secret.
2. She finds it very interesting.
3. She calls me 'Shy boy'.
4. It makes me angry.
5. It turns my face red.
6. They elected me president.
7. She wants me to top the class.
8. She tells me to study hard.
9. She asks me to get up early.
10. She gets me to go to bed early.
11. She allows me to watch TV.
12. She encourages me to go to Harvard.
13. I want you to be nice.
14. You want me to be honest.
15. She wants him to be relaxed.
16. He wants her to be diligent.
17. They want us to be smart.
18. We want them to be healthy.

07과 긍정 · 부정 · 긍정 의문 · 부정 의문

1. He isn't gorgeous. 2. Isn't he gorgeous?
3. She doesn't work. 4. Doesn't she work?

08과 완전 자동사

1. He 2. runs
3. in the park in the morning with his sister every day.

09과 불완전 자동사

1. 느낌 2. taste 3. feel 4. look 5. seem

10과 타동사

1. pass 2. pay 3. play 4. promise 5. read
6. sing 7. take care of 8. teach 9. tell 10. write

11과 수여동사 1

1. give 2. lends 3. sends 4. shows 5. teaches
6. tells 7. writes 8. pays 9. brings 10. sells

12과 수여동사 2

1. to 2. to 3. for 4. for 5. for 6. to 7. for 8. for

13과 불완전 타동사

1. feel 2. hear 3. smell 4. let 5. help 6. make

14과 5형식 기타 동사(심화)

1. find 2. make 3. elect 4. tell 5. ask 6. encourage

소화하기

1

1. S V C (2형식) (불완전 자동사)
2. S V IO DO (4형식) (수여동사)
3. S V O (3형식) (완전 타동사)
4. S V IO DO (4형식) (수여동사)
5. S V O (3형식) (완전 타동사)
6. S V C (2형식) (불완전 자동사)
7. S V O OC (5형식) (불완전 타동사)
8. S V C (2형식) (불완전 자동사)
9. S V C (2형식) (불완전 자동사)
10. S V (1형식) (완전 자동사)
11. S V O OC (5형식) (불완전 타동사)
12. S V IO DO (4형식) (수여동사)
13. S V (1형식) (완전 자동사)
14. S V O (3형식) (완전 타동사)
15. S V O OC (5형식) (불완전 타동사)

2

1. I give a birthday present to him.
2. He sells me his computer.
3. We ask questions of her.
4. He lends his shoes to me.
5. She sends her friend an email.
6. I cook tomato spaghetti for you.
7. He pays them a lot of money.
8. My sister makes tuna sandwich for me.
9. Mom brings me fried chicken.
10. The policeman finds my phone for me.

3

1. finds 2. turns 3. want 4. sees 5. feels
6. elect 7. make 8. gets 9. ask 10. allows

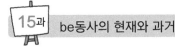 **15과** be동사의 현재와 과거   92쪽

우리말로 시작하기

1. 현재 2. 과거 3. 현재 4. 과거 5. 과거 6. 현재

영어로 해보기

1. am, 2형식 2. is, 2형식 3. are, 2형식 4. are, 1형식
5. is, 1형식 6. is, 2형식 7. were, 2형식 8. am, 2형식
9. was, 1형식 10. were, 2형식 11. is, 2형식
12. was, 2형식 13. was, 1형식 14. were, 1형식

Memorization

1. She was a musician.
2. She was very sentimental.
3. She is a lawyer now.
4. She is very rational.
5. He was a swimmer.
6. He was very healthy.
7. He is an office worker now.
8. He is very fat.
9. It was summer.
10. It was very hot.
11. It is fall now.
12. It is very cool.
13. They were together.
14. They were very close.
15. They are apart.
16. They are lonely now.
17. I was a student.
18. I was very curious.
19. I am a teacher now.
20. I am very indifferent.

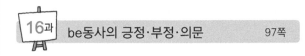 **16과** be동사의 긍정·부정·의문   97쪽

우리말로 시작하기

1. 현재, 긍정, 의문 2. 과거, 긍정, 평서 3. 과거, 긍정, 의문
4. 현재, 부정, 의문 5. 현재, 부정, 의문 6. 현재, 부정, 평서

영어로 해보기 1

1. I wasn't a fool. 2. It was a UFO. 3. They aren't nurses.
4. He isn't funny. 5. Is she tall? 6. You are rude.
7. Is your sister at home? 8. Is it cold today?
9. All the movies were boring.
10. Tim and Jane are on vacation.

영어로 해보기 2

1. Are you tired? - Yes, I am. / No, I'm not.
2. Was she out last night? - Yes, she was. / No, she wasn't.
3. Is your dog noisy? - Yes, it is. / No, it isn't.
4. Were the students healthy? - Yes, they were. / No, they weren't.
5. Is your aunt a famous painter? - Yes, she is. / No, she isn't.

Memorization

1. Was she a musician?
2. She was a musician.
3. She wasn't a painter.
4. Is she a musician?
5. She isn't a musician.
6. She is a lawyer now.
7. Were you healthy?
8. I was healthy.
9. I wasn't weak.
10. Are you healthy?
11. I am not healthy.

12. I am weak not.

No, he isn't. / Yes he was.

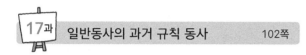

17과 일반동사의 과거 규칙 동사 102쪽

우리말로 시작하기

1. 디자인했다 2. 유지했다 3. 도전했다 4. 쳤다 5. 안았다

영어로 해보기

1. designed, designs 2. downloaded, downloads
3. dropped, drop 4. tried, try 5. stayed, stays
6. cried, cries 7. agreed, agree 8. occurred, occur
9. succeeded, succeed 10. dyed, dyes 11. bowed, bow
12. challenged, challenge 13. completed, completes
14. maintained, maintains 15. satisfied, satisfies

Memorization

1. designed 2. scratched 3. bowed 4. aimed
5. appointed 6. accomplished 7. maintained
8. downloaded 9. mixed 10. avoided 11. succeeded
12. arranged 13. challenged 14. agreed 15. declared
16. changed 17. proved 18. dyed 19. approved
20. completed 21. cried 22. envied 23. tried
24. applied 25. classified 26. carried 27. reunified
28. fried 29. copied 30. jogged 31. grabbed
32. wrapped 33. ripped 34. stopped 35. committed
36. clapped 37. tapped 38. hugged

18과 불규칙 동사 107쪽

우리말로 시작하기

1. thought, 불규칙 동사 2. succeeded, 규칙 동사
3. drank, 불규칙 동사 4. scratched, 규칙 동사
5. came, 불규칙 동사 6. arranged, 규칙 동사

영어로 해보기 1

1. was 2. became 3. wrote 4. broke 5. caught
6. got 7. came 8. ate

영어로 해보기 2

1. saw 2. bought 3. sent 4. heard 5. find
6. drink 7. built 8. play

Memorization

1. awoke - awoken 2. beat - beaten 3. became - become
4. began - begun 5. bent - bent 6. bet - bet
7. bid - bid 8. bit - bitten 9. blew - blown
10. broke -broken 11. brought - brought
12. broadcast - broadcast 13. built - built
14. burned / burnt - burned / burnt 15. bought - bought
16. caught - caught 17. chose - chosen
18. came - come 19. cost - cost 20. cut - cut
21. dug - dug 22. did - done 23. drew - drawn
24. dreamed / dreamt - dreamed / dreamt
25. drove - driven 26. drank - drunk 27. ate - eaten
28. fell - fallen 29. felt - felt 30. fought - fought
31. found - found 32. flew - flown 33. forgot - forgotten
34. forgave - forgiven 35. froze - frozen
36. got - got / gotten 37. gave - given
38. went - gone 39. grew - grown

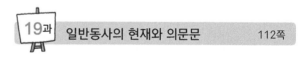

19과 일반동사의 현재와 의문문 112쪽

우리말로 시작하기

1. 2인칭, 단수, 일반동사, 현재 2. 3인칭, 복수, 일반동사, 현재
3. 3인칭, 단수, 일반동사, 과거 4. 1인칭, 단수, 일반동사, 과거
5. 3인칭, 단수, 일반동사, 현재 6. 3인칭, 단수, be동사, 현재

영어로 해보기

1. I have a car. ➡ Do I have a car?
2. You sleep well. ➡ Do you sleep well?
3. Jessica tries hard. ➡ Does Jessica try hard?
4. He swims every day. ➡ Does he swim every day?
5. We go to church. ➡ Do we go to church?

6. Sally plays the guitar. ➡ Does Sally play the guitar?

7. They live in New York. ➡ Do they live in New York?

8. You wash your face. ➡ Do you wash your face?

9. She knows my name. ➡ Does she know my name?

10. He begins to sing. ➡ Does he begin to sing?

11. The stew smells good. ➡ Does the stew smell good?

12. Tom reads comic books. ➡ Does Tom read comic books?

13. Mom mixes eggs with milk. ➡ Does mom mix eggs with milk?

14. He buys a new desk. ➡ Does he buy a new desk?

15. She sometimes feels lonely. ➡ Does she sometimes feel lonely?

Memorization

1. I cry. 2. Do I cry? 3. You cry. 4. Do you cry?

5. He cries. 6. Does he cry? 7. She cries.

8. Does she cry? 9. It cries. 10 Does it cry?

11. They cry. 12 Do they cry? 13. We cry.

14. Do we cry? 15. I write. 16. Do I write?

17. You eat. 18. Do you eat? 19. He laughs.

20. Does he laugh? 21. She kisses. 22. Does she kiss?

23. It goes. 24. Does it go? 25. They take.

26. Do they take? 27. We buy. 28. Do we buy?

복습 15~19과   115쪽

15과 be동사의 현재와 과거

1. was 2. were 3. is 4. was 5. is 6. are 7. were 8. were

16과 be동사의 긍정·부정·의문

1. Yes, she is. 2. No, she isn't. 3. No, I wasn't.

4. Yes, I am. 5. No, I'm(I am) not.

17과 일반동사의 과거 규칙 동사

1. designed 2. agreed 3. studied 4. played 5. stopped

18과 불규칙 동사

1. cost 2. bid 3. cut 4. broadcast 5. read 6. bent

7. felt 8. brought 9. fought 10. built 11. found

12. bought 13. had 14. flew 15. began 16. got

17. did 18. came 19. became

19과 일반동사의 현재와 의문문

1. Do you cry? 2. You eat. 3. Does he laugh?

4. Does she cry? 5. Does she kiss? 6. Does it go?

7. Do they cry? 8. They take. 9. Do we buy?

소화하기

1

1. was, is 2. dropped, drops 3. studied, study

4. tried, try 5. liked, like 6. caught, catches

7. had, has 8. wrote, writes 9. went, go

10. ate, eat 11. bought, buys 12. slept, sleep

13. sent, sends 14. saw, sees

2

1. No, they weren't. 2. Yes, she was.

3. No, you weren't. 4. Yes, he was.

5. Yes, I was. 6. No, we weren't.

7. Yes, she was. 8. No, she wasn't.

9. Yes, it was. 10 No, they weren't.

3

1. I buy a comic book. ➡ Do I buy a comic book?

2. I know his secret. ➡ Do I know his secret?

3. We get up early. ➡ Do we get up early?

4. Jack reads the report. ➡ Does Jack read the report?

5. I find your purse. ➡ Do I find your purse?

6. She hears him speak. ➡ Does she hear him speak?

7. He comes home late. ➡ Does he come home late?

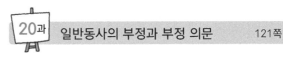

20과 일반동사의 부정과 부정 의문   121쪽

우리말로 시작하기

2. 나는 많이 먹니? 나는 많이 안 먹는다. 나는 많이 안 먹니?

3. 그는 번지점프를 하니? 그는 번지점프를 안 한다. 그는 번지점프를 안 하니?

4. 그녀는 랩을 하니? 그녀는 랩을 안 한다. 그녀는 랩을 안 하니?

5. 우리는 음악을 듣니? 우리는 음악을 안 듣는다. 우리는 음악을 안 듣니?

1. I don't walk to school. ⇒ Don't I walk to school?
2. You don't like Italian food. ⇒ Don't you like Italian food?
3. She doesn't wear glasses. ⇒ Doesn't she wear glasses?
4. We don't know the answer. ⇒ Don't we know the answer?
5. I don't hate worms. ⇒ Don't I hate worms?
6. Judy doesn't smile at me. ⇒ Doesn't Judy smile at me?
7. He doesn't eat breakfast. ⇒ Doesn't he eat breakfast?

8. They don't look at the menu. ⇒ Don't they look at the menu?
9. You don't stop talking. ⇒ Don't you stop talking?

영어로 해보기 2

1. Yes, she does. She writes a novel.
2. No, they don't. They don't like him.
3. Yes, he does. He looks good.
4. No, we don't. We don't go on the rides.

Memorization

	긍정 의문문	부정 평서문	부정 의문문
1.	Do I write it?	I don't write it.	Don't I write it?
2.	Do you eat it?	You don't eat it.	Don't you eat it?
3.	Does he like it?	He doesn't like it.	Doesn't he like it?
4.	Does she look at it?	She doesn't look at it.	Doesn't she look at it?
5.	Does it laugh?	It doesn't laugh.	Doesn't it laugh?
6.	Do they hope so?	They don't hope so.	Don't they hope so?
7.	Do we stop?	We don't stop.	Don't we stop?
8.	Do I like it?	I don't like it.	Don't I like it?
9.	Do I go to school?	I don't go to school.	Don't I go to school?
10.	Do I love you?	I don't love you.	Don't I love you?
11.	Do I work every day?	I don't work every day.	Don't I work every day?

21과 일반동사 과거의 부정과 부정 의문 126쪽

우리말로 시작하기

2. 정국이는 노래를 했니? 정국이는 노래를 안 했다. 정국이는 노래를 안 했니?
3. 지민이는 춤을 췄니? 지민이는 춤을 안 췄다. 지민이는 춤을 안 췄니?
4. 나는 사진을 찍었니? 나는 사진을 안 찍었다. 나는 사진을 안 찍었니?

영어로 해보기 1

1. I didn't brush my teeth. ⇒ Didn't I brush my teeth?
2. She didn't take a shower. ⇒ Didn't she take a shower?
3. I didn't taste the food. ⇒ Didn't I taste the food?
4. Bob didn't pass the exam. ⇒ Didn't Bob pass the exam?
5. It didn't rain yesterday. ⇒ Didn't it rain yesterday?
6. We didn't see this movie. ⇒ Didn't we see this movie?
7. They didn't know each other. ⇒ Didn't they know each other?
8. He didn't surf the Internet. ⇒ Didn't he surf the Internet?

영어로 해보기 2

1. Yes, she did. She cleaned her room.
2. No, she didn't. She didn't go out.
3. Yes, they did. They left a message.
4. Yes, he did. He bought a laptop computer.

Memorization

1. Did I see it? 2. Did you pass it? 3. Did he know it?
4. Did she love it? 5. Did it smell it? 6. Did they taste it?
7. Did we buy it? 8. I didn't see it. 9. You didn't pass it.
10. He didn't know it. 11. She didn't love it.
12. It didn't smell it. 13. They didn't taste it.
14. We didn't buy it. 15. Didn't I see it?
16. Didn't you pass it? 17. Didn't he know it?
18. Didn't she love it? 19. Didn't it smell it?
20. Didn't they taste it? 21. Didn't we buy it?
22. I saw it. Did I see it? I didn't see it. Didn't I see it?
23. I bought it. Did I buy it? I didn't buy it. Didn't I buy it?
24. I ate it. Did I eat it? I didn't eat it. Didn't I eat it?
25. I passed it. Did I pass it? I didn't pass it. Didn't I pass it?

 22과 be동사의 현재와 과거   131쪽

우리말로 시작하기

1. 1인칭, 단수, 과거, wasn't 2. 3인칭, 단수, 현재, isn't
3. 3인칭, 단수, 과거, was 4. 2인칭, 단수, 현재, are
5. 3인칭, 복수, 과거, were

영어로 해보기 1

1. Was he an actor? He wasn't actor. Wasn't he an actor?
2. Is she a cook? She isn't a cook. Isn't she a cook?
3. Were your dogs fat? Your dogs weren't fat. Weren't your dogs fat?
4. Is London in England? London isn't in England. Isn't London in England?
5. Were you 15 years old? You weren't 15 years old. Weren't you 15 years old?
6. Was my phone in your bag? My phone wasn't in your bag. Wasn't my phone in your bag?

7. Are the stores open today? The stores aren't open today. Aren't the stores open today?
8. Am I afraid of cats? I am not afraid of cats. Aren't I afraid of cats?

영어로 해보기 2

1. are 2. were 3. was 4. are 5. Is 6. isn't 7. is

Memorization

1. I am OK. Am I OK? I'm not OK. Aren't I OK?
2. You are OK. Are you OK? You aren't OK. Aren't you OK?
3. He is OK. Is he OK? He isn't OK. Isn't he OK?
4. She is OK. Is she OK? She isn't OK. Isn't she OK?
5. It is OK. Is it OK? It isn't OK. Isn't it OK?
6. They are OK. Are they OK? They aren't OK. Aren't they OK?
7. We are OK. Are we OK? We aren't OK. Aren't we OK?
8. I was OK. Was I OK? I wasn't OK. Wasn't I OK?
9. You were OK. Were you OK? You weren't OK. Weren't you OK?
10. He was OK. Was he OK? He wasn't OK. Wasn't he OK?
11. She was OK. Was she OK? She wasn't OK. Wasn't she OK?
12. It was OK. Was it OK? It wasn't OK. Wasn't it OK?
13. They were OK. Were they OK? They weren't OK. Weren't they OK?
14. We were OK. Were we OK? We weren't OK. Weren't we OK?

 **복습 20~22과**   134쪽

20과   일반동사의 부정과 부정 의문

1. Do you eat it? 2. Don't you eat it?
3. She doesn't look at it. 4. Do we stop?
5. Don't they hope so?

21과   일반동사 과거의 부정과 부정 의문

1. You didn't pass it. 2. Didn't you pass it?
3. She didn't love it. 4. Didn't she love it?
5. We didn't buy it. 6. Didn't they taste it?

1. Aren't you OK? 2. He isn't OK. 3. Are they OK?
4. You weren't OK. 5. Wasn't it OK? 6. Were we OK?
7. Weren't we OK?

소화하기

1

1. Was it warm yesterday? ➡ It wasn't warm yesterday.
   ➡ Wasn't it warm yesterday?
2. Are your hands cold? ➡ Your hands aren't cold. ➡
   Aren't your hands cold?
3. Did he laugh loudly? ➡ He didn't laugh loudly. ➡
   Didn't he laugh loudly?
4. Were your shoes dirty? ➡ Your shoes weren't dirty.
   ➡ Weren't your shoes dirty?
5. Does she look at my pictures? ➡ She doesn't look at
   my pictures. ➡ Doesn't she look at my pictures?
6. Does Indian food taste good? ➡ Indian food doesn't
   taste good. ➡ Doesn't Indian food taste good?
7. Do we eat out every Saturday? ➡ We don't eat out
   every Saturday. ➡ Don't we eat out every Saturday?
8. Does she know all our names? ➡ She doesn't know
   all our names. ➡ Doesn't she know all our names?
9. Did you pass the math test? ➡ You didn't pass the
   math test. ➡ Didn't you pass the math test?
10. Did my parents buy me a pet? ➡ My parents didn't
    buy me a pet. ➡ Didn't my parents buy me a pet?

2

1. Yes, it is. It is cloudy.
   No, it isn't. It isn't cloudy.
2. Yes, she was. She was late for school.
   No, she wasn't. She wasn't late for school.
3. Yes, they were. They were delicious.
   No, they weren't. They weren't delicious.
4. Yes, it is. It is heavy.
   No, it isn't. It isn't heavy.
5. Yes, I was. I was busy yesterday.
   No, I wasn't. I wasn't busy yesterday.
6. Yes, she is. She is nervous now.
   No, she isn't. She isn't nervous now.
7. Yes, he is. He is interested in music.
   No, he isn't. He isn't interested in music.

8. Yes, they were. They were afraid of snakes.
   No, they weren't. They weren't afraid of snakes.
9. Yes, I am. I am happy to see you.
   No, I am(I'm) not. I am(I'm) not happy to see you.
10. Yes, he is. He is tired these days.
    No, he isn't. He isn't tired these days.

3

1. Yes, I did. I went to school today.
   No, I didn't. I didn't go to school today.
2. Yes, I did. I read it.
   No, I didn't. I didn't read it.
3. Yes, he did. He became popular.
   No, he didn't. He didn't become popular.
4. Yes, he does. He looks handsome.
   No, he doesn't. He doesn't look handsome.
5. Yes, I do. I get up early.
   No, I don't. I don't get up early.
6. Yes, she does. She teaches them English.
   No, she doesn't. She doesn't teach them English.
7. Yes, she did. She did me a favor.
   No, she didn't. She didn't do me a favor.
8. Yes, I do. I do my homework.
   No, I don't. I don't do my homework.
9. Yes, we did. We downloaded the movie.
   No, we didn't. We didn't download the movie.
10. Yes, they do. They want to be slim.
    No, they don't. They don't want to be slim.

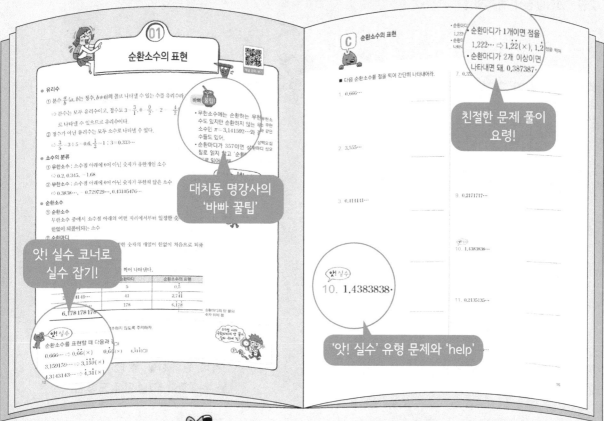

중학수학 기초 완성 프로젝트!

허세 없는 기본 문제집, 《바빠 중학수학》

· 전국의 명강사들이 무릎 치며 추천한 책!
· 쉬운 문제부터 풀면 수포자가 되지 않습니다.

2학년 1학기 과정 | 바빠 중학연산

1권 〈수와 식의 계산, 부등식 영역〉
2권 〈연립방정식, 함수 영역〉

2학년 2학기 과정 | 바빠 중학도형

〈도형의 성질, 도형의 닮음,
피타고라스 정리, 확률〉

바쁘니까
'바빠 중학
수학'이다!

대치동
명강사의
꿀팁도 있어!

3학년 1학기 과정 | 바빠 중학연산

1권 〈제곱근과 실수, 다항식의 곱셈, 인수분해 영역〉
2권 〈이차방정식, 이차함수 영역〉

3학년 2학기 과정 | 바빠 중학도형

〈삼각비, 원의 성질, 통계〉
특별 부록 중학 3개년 연산, 도형 공식

※ '바쁜 중1을 위한 빠른 중학연산', '바쁜 중1을 위한 빠른 중학도형'도 있습니다.